卞尺丹几乙し丹卞と
Translated Language Learning

The Communist Manifesto

कम्युनिस्ट घोषणापत्र

Karl Marx & Friedrich Engels

कार्ल मार्क्स और फ्रेडरिक एंगेल्स

English / हिंदी

Introduction
परिचय

A spectre is haunting Europe — the spectre of Communism

एक भूत यूरोप को सता रहा है - साम्यवाद का भूत

All the Powers of old Europe have entered into a holy alliance to exorcise this spectre

पुराने यूरोप की सभी शक्तियों ने इस भूत को भगाने के लिए एक पवित्र गठबंधन में प्रवेश किया है

Pope and Czar, Metternich and Guizot, French Radicals and German police-spies

पोप और ज़ार, मेट्टर्निच और गुइज़ोट, फ्रेंच रेडिकल और जर्मन पुलिस-जासूस

Where is the party in opposition that has not been decried as Communistic by its opponents in power?

विपक्ष में वह पार्टी कहां है जिसे सत्ता में उसके विरोधियों द्वारा कम्युनिस्ट के रूप में निंदा नहीं की गई है?

Where is the Opposition that has not hurled back the branding reproach of Communism, against the more advanced opposition parties?

वह विपक्ष कहां है जिसने अधिक उन्नत विपक्षी दलों के खिलाफ, साम्यवाद की ब्रांडिंग निंदा को वापस नहीं फेंका है?

And where is the party that has not made the accusation against its reactionary adversaries?

और वह पार्टी कहां है जिसने अपने प्रतिक्रियावादी विरोधियों के खिलाफ आरोप नहीं लगाया है?

Two things result from this fact

इस तथ्य से दो बातें सामने आती हैं

I. Communism is already acknowledged by all European Powers to be itself a Power

I. साम्यवाद पहले से ही सभी यूरोपीय शक्तियों द्वारा स्वयं एक शक्ति होने के लिए स्वीकार किया गया है

II. It is high time that Communists should openly, in the face of the whole world, publish their views, aims and tendencies

II. अब समय आ गया है कि कम्युनिस्टों को पूरी दुनिया के सामने खुले तौर पर अपने विचारों, उद्देश्यों और प्रवृत्तियों को प्रकाशित करना चाहिए

they must meet this nursery tale of the Spectre of Communism with a Manifesto of the party itself

उन्हें साम्यवाद के भूत की इस नर्सरी कहानी को पार्टी के घोषणापत्र के साथ ही पूरा करना चाहिए

To this end, Communists of various nationalities have assembled in London and sketched the following Manifesto

इसके लिए, विभिन्न राष्ट्रीयताओं के कम्युनिस्ट लंदन में इकट्ठे हुए हैं और निम्नलिखित घोषणापत्र को स्केच किया है

this manifesto is to be published in the English, French, German, Italian, Flemish and Danish languages

यह घोषणापत्र अंग्रेजी, फ्रेंच, जर्मन, इतालवी, फ्लेमिश और डेनिश भाषाओं में प्रकाशित किया जाना है

And now it is to be published in all the languages that Tranzlaty offers

और अब इसे उन सभी भाषाओं में प्रकाशित किया जाना है जो ट्रांज़लाटी प्रदान करती हैं

Bourgeois and the Proletarians
बुर्जुआ और सर्वहारा

The history of all hitherto existing societies is the history of class struggles

सभी मौजूदा समाजों का इतिहास वर्ग संघर्षों का इतिहास है

Freeman and slave, patrician and plebeian, lord and serf, guild-master and journeyman

फ्रीमैन और गुलाम, पेट्रीशियन और प्लेबीयन, लॉर्ड और सर्फ़, गिल्ड-मास्टर और ट्रैवलमैन

in a word, oppressor and oppressed

एक शब्द में, उत्पीड़क और उत्पीड़ित

these social classes stood in constant opposition to one another

ये सामाजिक वर्ग एक-दूसरे के लगातार विरोध में खड़े थे

they carried on an uninterrupted fight. Now hidden, now open

उन्होंने निर्बाध लड़ाई लड़ी। अब छिपा हुआ, अब खुला

a fight that either ended in a revolutionary re-constitution of society at large

एक लड़ाई जो या तो बड़े पैमाने पर समाज के क्रांतिकारी पुनर्गठन में समाप्त हुई

or a fight that ended in the common ruin of the contending classes

या एक लड़ाई जो प्रतियोगी वर्गों के आम बर्बादी में समाप्त हुई

let us look back to the earlier epochs of history

आइए हम इतिहास के पहले के युगों को देखें

we find almost everywhere a complicated arrangement of society into various orders

हम लगभग हर जगह समाज की एक जटिल व्यवस्था को विभिन्न आदेशों में पाते हैं

there has always been a manifold gradation of social rank

सामाजिक स्तर का हमेशा कई गुना उन्नयन रहा है

In ancient Rome we have patricians, knights, plebeians, slaves

प्राचीन रोम में हमारे पास देशभक्त, शूरवीर, प्लेबीयन, दास हैं

in the Middle Ages: feudal lords, vassals, guild-masters, journeymen, apprentices, serfs

मध्य युग में: सामंती प्रभु, जागीरदार, गिल्ड-मास्टर्स, जर्नीमैन, प्रशिक्षु, सर्फ़

in almost all of these classes, again, subordinate gradations

इनमें से लगभग सभी वर्गों में, फिर से, अधीनस्थ उन्नयन

The modern Bourgeoisie society has sprouted from the ruins of feudal society

आधुनिक बुर्जुआ समाज सामंती समाज के खंडहरों से अंकुरित हुआ है

but this new social order has not done away with class antagonisms

लेकिन इस नई सामाजिक व्यवस्था ने वर्ग विरोधों को दूर नहीं किया है

It has but established new classes and new conditions of oppression

इसने उत्पीड़न के नए वर्गों और नई स्थितियों को स्थापित किया है

it has established new forms of struggle in place of the old ones

इसने पुराने के स्थान पर संघर्ष के नए रूप स्थापित किए हैं

however, the epoch we find ourselves in possesses one distinctive feature

हालाँकि, जिस युग में हम खुद को पाते हैं, उसमें एक विशिष्ट विशेषता होती है

the epoch of the Bourgeoisie has simplified the class antagonisms

पूंजीपति वर्ग के युग ने वर्ग विरोधों को सरल बना दिया है

Society as a whole is more and more splitting up into two great hostile camps

एक पूरे के रूप में समाज अधिक से अधिक दो महान शत्रुतापूर्ण शिविरों में विभाजित हो रहा है

two great social classes directly facing each other: Bourgeoisie and Proletariat

दो महान सामाजिक वर्ग सीधे एक-दूसरे का सामना कर रहे हैं: पूंजीपति वर्ग और सर्वहारा वर्ग

From the serfs of the Middle Ages sprang the chartered burghers of the earliest towns

मध्य युग के सर्फ़ों से शुरुआती शहरों के चार्टर्ड बर्गर उभरे

From these burgesses the first elements of the Bourgeoisie were developed

इन बर्गेस से पूंजीपति वर्ग के पहले तत्व विकसित किए गए थे

The discovery of America and the rounding of the Cape

अमेरिका की खोज और केप की गोलाई

these events opened up fresh ground for the rising Bourgeoisie

इन घटनाओं ने बढ़ते पूंजीपति वर्ग के लिए नई जमीन खोल दी

The East-Indian and Chinese markets, the colonisation of America, trade with the colonies

पूर्वी-भारतीय और चीनी बाजार, अमेरिका का उपनिवेशीकरण, उपनिवेशों के साथ व्यापार

the increase in the means of exchange and in commodities generally

विनिमय के साधनों और वस्तुओं में आम तौर पर वृद्धि

these events gave to commerce, navigation, and industry an impulse never before known

इन घटनाओं ने वाणिज्य, नेविगेशन और उद्योग को एक ऐसा आवेग दिया जो पहले कभी ज्ञात नहीं था

it gave rapid development to the revolutionary element in the tottering feudal society

इसने डगमगाते सामंती समाज में क्रांतिकारी तत्व को तेजी से विकास दिया

closed guilds had monopolised the feudal system of industrial production

बंद गिल्डों ने औद्योगिक उत्पादन की सामंती व्यवस्था पर एकाधिकार कर लिया था

but this no longer sufficed for the growing wants of the new markets

लेकिन यह अब नए बाजारों की बढ़ती जरूरतों के लिए पर्याप्त नहीं था

The manufacturing system took the place of the feudal system of industry

विनिर्माण प्रणाली ने उद्योग की सामंती व्यवस्था का स्थान ले लिया

The guild-masters were pushed on one side by the manufacturing middle class

गिल्ड-मास्टर्स को विनिर्माण मध्यम वर्ग द्वारा एक तरफ धकेल दिया गया था

division of labour between the different corporate guilds vanished

विभिन्न कॉर्पोरेट गिल्डों के बीच श्रम का विभाजन गायब हो गया

the division of labour penetrated each single workshop

श्रम विभाजन ने प्रत्येक एकल कार्यशाला में प्रवेश किया

Meantime, the markets kept ever growing, and the demand ever rising

इस बीच, बाजार लगातार बढ़ते रहे, और मांग लगातार बढ़ती रही

Even factories no longer sufficed to meet the demands

यहां तक कि कारखाने भी अब मांगों को पूरा करने के लिए पर्याप्त नहीं थे

Thereupon, steam and machinery revolutionised industrial production

इसके बाद, भाप और मशीनरी ने औद्योगिक उत्पादन में क्रांति ला दी

The place of manufacture was taken by the giant, Modern Industry

निर्माण का स्थान विशाल, आधुनिक उद्योग द्वारा लिया गया था

the place of the industrial middle class was taken by industrial millionaires

औद्योगिक मध्यम वर्ग का स्थान औद्योगिक करोड़पतियों ने ले लिया

the place of leaders of whole industrial armies were taken by the modern Bourgeoisie

पूरे औद्योगिक सेनाओं के नेताओं की जगह आधुनिक पूंजीपति वर्ग द्वारा ली गई थी

the discovery of America paved the way for modern industry to establish the world market

अमेरिका की खोज ने आधुनिक उद्योग के लिए विश्व बाजार की स्थापना का मार्ग प्रशस्त किया

This market gave an immense development to commerce, navigation, and communication by land

इस बाजार ने भूमि द्वारा वाणिज्य, नेविगेशन और संचार को एक विशाल विकास दिया

This development has, in its time, reacted on the extension of industry

इस विकास ने, अपने समय में, उद्योग के विस्तार पर प्रतिक्रिया व्यक्त की है

it reacted in proportion to how industry extended, and how commerce, navigation and railways extended

इसने इस अनुपात में प्रतिक्रिया व्यक्त की कि उद्योग कैसे विस्तारित हुआ, और वाणिज्य, नेविगेशन और रेलवे का विस्तार कैसे हुआ

in the same proportion that the Bourgeoisie developed, they increased their capital

उसी अनुपात में जो पूंजीपति वर्ग ने विकसित किया, उन्होंने अपनी पूंजी में वृद्धि की

and the Bourgeoisie pushed into the background every class handed down from the Middle Ages

और पूंजीपति वर्ग ने मध्य युग से सौंपे गए हर वर्ग को पृष्ठभूमि में धकेल दिया

therefore the modern Bourgeoisie is itself the product of a long course of development

इसलिए आधुनिक पूंजीपति वर्ग अपने आप में विकास के एक लंबे पाठ्यक्रम का उत्पाद है

we see it is a series of revolutions in the modes of production and of exchange

हम देखते हैं कि यह उत्पादन और विनिमय के साधनों में क्रांतियों की एक श्रृंखला है

Each developmental Bourgeoisie step was accompanied by a corresponding political advance

प्रत्येक विकासात्मक पूंजीपति वर्ग कदम एक इसी राजनीतिक अग्रिम के साथ था

An oppressed class under the sway of the feudal nobility
सामंती कुलीनता के प्रभाव में एक उत्पीड़ित वर्ग

an armed and self-governing association in the mediaeval commune
मध्यकालीन कम्यून में एक सशस्त्र और स्वशासी संघ

here, an independent urban republic (as in Italy and Germany)
यहां, एक स्वतंत्र शहरी गणराज्य (जैसा कि इटली और जर्मनी में है)

there, a taxable "third estate" of the monarchy (as in France)
वहां, राजशाही की एक कर योग्य "तीसरी संपत्ति" (जैसा कि फ्रांस में है)

afterwards, in the period of manufacture proper
बाद में, निर्माण की अवधि में उचित

the Bourgeoisie served either the semi-feudal or the absolute monarchy
पूंजीपति वर्ग ने या तो अर्ध-सामंती या पूर्ण राजशाही की सेवा की

or the Bourgeoisie acted as a counterpoise against the nobility
या पूंजीपति वर्ग ने बड़प्पन के खिलाफ एक प्रतिकार के रूप में काम किया

and, in fact, the Bourgeoisie was a corner-stone of the great monarchies in general
और, वास्तव में, पूंजीपति सामान्य रूप से महान राजतंत्रों की आधारशिला थी

but Modern Industry and the world-market established itself since then

लेकिन आधुनिक उद्योग और विश्व-बाजार ने तब से खुद को स्थापित किया

and the Bourgeoisie has conquered for itself exclusive political sway

और पूंजीपति वर्ग ने अपने लिए अनन्य राजनीतिक बोलबाला जीत लिया है

it achieved this political sway through the modern representative State

इसने आधुनिक प्रतिनिधि राज्य के माध्यम से इस राजनीतिक बोलबाला को हासिल किया

The executives of the modern State are but a management committee

आधुनिक राज्य के कार्यकारी केवल एक प्रबंधन समिति हैं

and they manage the common affairs of the whole of the Bourgeoisie

और वे पूरे पूंजीपति वर्ग के सामान्य मामलों का प्रबंधन करते हैं

The Bourgeoisie, historically, has played a most revolutionary part

पूंजीपति वर्ग, ऐतिहासिक रूप से, एक सबसे क्रांतिकारी भूमिका निभाई है

wherever it got the upper hand, it put an end to all feudal, patriarchal, and idyllic relations

जहां भी इसे ऊपरी हाथ मिला, इसने सभी सामंती, पितृसत्तात्मक और सुखद संबंधों को समाप्त कर दिया

It has pitilessly torn asunder the motley feudal ties that bound man to his "natural superiors"

इसने उस प्रेरक सामंती संबंधों को दयनीय रूप से तोड़ दिया है जो मनुष्य को उसके "प्राकृतिक वरिष्ठों" से बांधे हुए थे

and it has left remaining no nexus between man and man, other than naked self-interest

और इसने मनुष्य और मनुष्य के बीच नग्न स्वार्थ के अलावा कोई संबंध नहीं छोड़ा है

man's relations with one another have become nothing more than callous "cash payment"

एक दूसरे के साथ मनुष्य के संबंध कठोर "नकद भुगतान" से ज्यादा कुछ नहीं बन गए हैं

It has drowned the most heavenly ecstasies of religious fervour

इसने धार्मिक उत्साह के सबसे स्वर्गीय परमानंद को डुबो दिया है

it has drowned chivalrous enthusiasm and philistine sentimentalism

इसने शिष्ट उत्साह और परोपकारी भावुकता को डुबो दिया है

it has drowned these things in the icy water of egotistical calculation

इसने इन चीजों को अहंकारी गणना के बर्फीले पानी में डुबो दिया है

It has resolved personal worth into exchangeable value

इसने व्यक्तिगत मूल्य को विनिमेय मूल्य में हल किया है

it has replaced the numberless and indefeasible chartered freedoms

इसने असंख्य और अपरिहार्य चार्टर्ड स्वतंत्रताओं को बदल दिया है

and it has set up a single, unconscionable freedom; Free Trade

और इसने एक एकल, अविवेकी स्वतंत्रता स्थापित की है; मुक्त व्यापार

In one word, it has done this for exploitation

एक शब्द में, इसने शोषण के लिए ऐसा किया है

exploitation veiled by religious and political illusions

धार्मिक और राजनीतिक भ्रमों से ढका शोषण

exploitation veiled by naked, shameless, direct, brutal
exploitation

नग्न, बेशर्म, सीधे, क्रूर शोषण से ढका शोषण

the Bourgeoisie has stripped the halo off every previously
honoured and revered occupation

पूंजीपति वर्ग ने हर पहले सम्मानित और श्रद्धेय व्यवसाय से
प्रभामंडल छीन लिया है

the physician, the lawyer, the priest, the poet, and the man
of science

चिकित्सक, वकील, पुजारी, कवि और विज्ञान के आदमी

it has converted these distinguished workers into its paid
wage labourers

इसने इन प्रतिष्ठित श्रमिकों को अपने वैतनिक दिहाड़ी मजदूरों
में बदल दिया है

The Bourgeoisie has torn the sentimental veil away from the
family

पूंजीपति वर्ग ने परिवार से भावुक पर्दा फाड़ दिया है

and it has reduced the family relation to a mere money
relation

और इसने पारिवारिक संबंध को केवल पैसे के रिश्ते तक
सीमित कर दिया है

the brutal display of vigour in the Middle Ages which
Reactionists so much admire

मध्य युग में शक्ति का क्रूर प्रदर्शन जिसकी प्रतिक्रियावादी
बहुत प्रशंसा करते हैं

even this found its fitting complement in the most slothful
indolence

यहां तक कि इसने सबसे सुस्त अकर्मण्यता में अपना उपयुक्त
पूरक पाया

The Bourgeoisie has disclosed how all this came to pass

पूंजीपति वर्ग ने खुलासा किया है कि यह सब कैसे हुआ

The Bourgeoisie have been the first to show what man's activity can bring about

पूंजीपति वर्ग ने सबसे पहले यह दिखाया है कि मनुष्य की गतिविधि क्या ला सकती है

It has accomplished wonders far surpassing Egyptian pyramids, Roman aqueducts, and Gothic cathedrals

इसने मिस्र के पिरामिड, रोमन एक्वाडक्ट्स और गोथिक कैथेड्रल को पार करते हुए चमत्कार किए हैं

and it has conducted expeditions that put in the shade all former Exoduses of nations and crusades

और इसने ऐसे अभियान चलाए हैं जो राष्ट्रों और धर्मयुद्धों के सभी पूर्व पलायन को छाया में डाल देते हैं

The Bourgeoisie cannot exist without constantly revolutionising the instruments of production

उत्पादन के साधनों में लगातार क्रांति किए बिना पूंजीपति वर्ग का अस्तित्व नहीं हो सकता

and thereby it cannot exist without its relations to production

और इस प्रकार यह उत्पादन के साथ अपने संबंधों के बिना अस्तित्व में नहीं रह सकता है

and therefore it cannot exist without its relations to society

और इसलिए यह समाज के साथ अपने संबंधों के बिना मौजूद नहीं हो सकता

all earlier industrial classes had one condition in common

पहले के सभी औद्योगिक वर्गों में एक शर्त समान थी

they relied on the conservation of the old modes of production

वे उत्पादन के पुराने तरीकों के संरक्षण पर निर्भर थे

but the Bourgeoisie brought with it a completely new dynamic

लेकिन पूंजीपति अपने साथ एक पूरी तरह से नया गतिशील लेकर आए

Constant revolutionizing of production and uninterrupted disturbance of all social conditions

उत्पादन में निरंतर क्रांति और सभी सामाजिक स्थितियों की निर्बाध गड़बड़ी

this everlasting uncertainty and agitation distinguishes the Bourgeoisie epoch from all earlier ones

यह चिरस्थायी अनिश्चितता और आंदोलन बुर्जुआ युग को पहले के सभी लोगों से अलग करता है

previous relations with production came with ancient and venerable prejudices and opinions

उत्पादन के साथ पिछले संबंध प्राचीन और आदरणीय पूर्वाग्रहों और विचारों के साथ आए थे

but all of these fixed, fast-frozen relations are swept away

लेकिन ये सभी निश्चित, तेजी से जमे हुए संबंध बह गए हैं

all new-formed relations become antiquated before they can ossify

सभी नए-नए संबंध अस्थिभंग होने से पहले ही पुरातन हो जाते हैं

All that is solid melts into air, and all that is holy is profaned

जो कुछ ठोस है वह हवा में पिघल जाता है, और जो कुछ पवित्र है वह अपवित्र हो जाता है

man is at last compelled to face with sober senses, his real conditions of life

मनुष्य अंततः शांत इंद्रियों के साथ, अपने जीवन की वास्तविक स्थितियों का सामना करने के लिए मजबूर हो जाता है

and he is compelled to face his relations with his kind

और वह अपने जैसे संबंधों का सामना करने के लिए मजबूर है

The Bourgeoisie constantly needs to expand its markets for its products

पूंजीपति वर्ग को लगातार अपने उत्पादों के लिए अपने बाजारों का विस्तार करने की आवश्यकता है

and, because of this, the Bourgeoisie is chased over the whole surface of the globe

और, इस वजह से, पूंजीपति वर्ग को दुनिया की पूरी सतह पर पीछा किया जाता है

The Bourgeoisie must nestle everywhere, settle everywhere, establish connections everywhere

पूंजीपति वर्ग को हर जगह घोंसला बनाना चाहिए, हर जगह बसना चाहिए, हर जगह कनेक्शन स्थापित करना चाहिए

The Bourgeoisie must create markets in every corner of the world to exploit

पूंजीपति वर्ग को शोषण के लिए दुनिया के हर कोने में बाजार बनाना होगा

the production and consumption in every country has been given a cosmopolitan character

हर देश में उत्पादन और खपत को एक महानगरीय चरित्र दिया गया है

the chagrin of Reactionists is palpable, but it has carried on regardless

प्रतिक्रियावादियों की नाराजगी स्पष्ट है, लेकिन यह परवाह किए बिना जारी रखा गया है

The Bourgeoisie have drawn from under the feet of industry the national ground on which it stood

पूंजीपति वर्ग ने उद्योग के पैरों के नीचे से उस राष्ट्रीय जमीन को खींचा है जिस पर वह खड़ा था

all old-established national industries have been destroyed, or are daily being destroyed

सभी पुराने स्थापित राष्ट्रीय उद्योग नष्ट हो गए हैं, या प्रतिदिन नष्ट हो रहे हैं

all old-established national industries are dislodged by new industries

सभी पुराने स्थापित राष्ट्रीय उद्योग नए उद्योगों द्वारा उखाड़ फेंके जाते हैं

their introduction becomes a life and death question for all civilised nations

उनका परिचय सभी सभ्य राष्ट्रों के लिए जीवन और मृत्यु का प्रश्न बन जाता है

they are dislodged by industries that no longer work up indigenous raw material

वे उन उद्योगों द्वारा उखाड़ फेंके जाते हैं जो अब स्वदेशी कच्चे माल का काम नहीं करते हैं

instead, these industries pull raw materials from the remotest zones

इसके बजाय, ये उद्योग दूरस्थ क्षेत्रों से कच्चा माल खींचते हैं

industries whose products are consumed, not only at home, but in every quarter of the globe

ऐसे उद्योग जिनके उत्पादों का उपभोग न केवल घर पर, बल्कि दुनिया के हर तिमाही में किया जाता है

In place of the old wants, satisfied by the productions of the country, we find new wants

पुरानी जरूरतों के स्थान पर, देश की प्रस्तुतियों से संतुष्ट होकर, हम नई इच्छाएं पाते हैं

these new wants require for their satisfaction the products of distant lands and climes

इन नई इच्छाओं को उनकी संतुष्टि के लिए दूर की भूमि और जलवायु के उत्पादों की आवश्यकता होती है

In place of the old local and national seclusion and self-sufficiency, we have trade

पुराने स्थानीय और राष्ट्रीय एकांत और आत्मनिर्भरता के स्थान पर, हमारे पास व्यापार है

international exchange in every direction; universal interdependence of nations

हर दिशा में अंतर्राष्ट्रीय विनिमय; राष्ट्रों की सार्वभौमिक अंतर-निर्भरता

and just as we have dependency on materials, so we are dependent on intellectual production

और जिस तरह हम सामग्री पर निर्भर हैं, उसी तरह हम बौद्धिक उत्पादन पर निर्भर हैं

The intellectual creations of individual nations become common property

अलग-अलग राष्ट्रों की बौद्धिक रचनाएँ आम संपत्ति बन जाती हैं

National one-sidedness and narrow-mindedness become more and more impossible

राष्ट्रीय एकपक्षीयता और संकीर्णता अधिक से अधिक असंभव हो जाती है

and from the numerous national and local literatures, there arises a world literature

और कई राष्ट्रीय और स्थानीय साहित्य से, एक विश्व साहित्य उत्पन्न होता है

by the rapid improvement of all instruments of production

उत्पादन के सभी साधनों के तेजी से सुधार से

by the immensely facilitated means of communication

संचार के अत्यधिक सुगम साधनों द्वारा

The Bourgeoisie draws all (even the most barbarian nations) into civilisation

पूंजीपति वर्ग सभी (यहां तक कि सबसे बर्बर राष्ट्रों) को सभ्यता में खींचता है

The cheap prices of its commodities; the heavy artillery that batters down all Chinese walls

इसकी वस्तुओं की सस्ती कीमतें; भारी तोपखाने जो सभी चीनी दीवारों को ध्वस्त कर देते हैं

the barbarians' intensely obstinate hatred of foreigners is forced to capitulate

विदेशियों के प्रति बर्बर लोगों की तीव्र घृणा को आत्मसमर्पण करने के लिए मजबूर किया जाता है

It compels all nations, on pain of extinction, to adopt the Bourgeoisie mode of production

यह सभी राष्ट्रों को, विलुप्त होने के दर्द पर, उत्पादन के बुर्जुआ मोड को अपनाने के लिए मजबूर करता है

it compels them to introduce what it calls civilisation into their midst

यह उन्हें अपने बीच में सभ्यता को पेश करने के लिए मजबूर करता है

The Bourgeoisie force the barbarians to become Bourgeoisie themselves

पूंजीपति वर्ग बर्बर लोगों को खुद बुर्जुआ बनने के लिए मजबूर करता है

in a word, the Bourgeoisie creates a world after its own image

एक शब्द में, पूंजीपति वर्ग अपनी छवि के बाद एक दुनिया बनाता है

The Bourgeoisie has subjected the countryside to the rule of the towns

पूंजीपति वर्ग ने ग्रामीण इलाकों को कस्बों के शासन के अधीन कर दिया है

It has created enormous cities and greatly increased the urban population

इसने विशाल शहरों का निर्माण किया है और शहरी आबादी में काफी वृद्धि की है

it rescued a considerable part of the population from the idiocy of rural life

इसने आबादी के एक बड़े हिस्से को ग्रामीण जीवन की मूर्खता से बचाया

but it has made those in the the countryside dependent on the towns

लेकिन इसने ग्रामीण इलाकों में उन लोगों को कस्बों पर निर्भर बना दिया है

and likewise, it has made the barbarian countries dependent on the civilised ones

और इसी तरह, इसने बर्बर देशों को सभ्य देशों पर निर्भर बना दिया है

nations of peasants on nations of Bourgeoisie, the East on the West

पूंजीपति वर्ग के राष्ट्रों पर किसानों के राष्ट्र, पश्चिम पर पूर्व

The Bourgeoisie does away with the scattered state of the population more and more

पूंजीपति वर्ग आबादी की बिखरी हुई स्थिति को अधिक से अधिक दूर करता है

It has agglomerated production, and has concentrated property in a few hands

इसने उत्पादन को बढ़ा दिया है, और कुछ हाथों में संपत्ति केंद्रित की है

The necessary consequence of this was political centralisation

इसका आवश्यक परिणाम राजनीतिक केंद्रीकरण था

there had been independent nations and loosely connected provinces

स्वतंत्र राष्ट्र और शिथिल रूप से जुड़े हुए प्रांत थे

they had separate interests, laws, governments and systems of taxation

उनके अलग-अलग हित, कानून, सरकारें और कराधान की प्रणालियां थीं

but they have become lumped together into one nation, with one government

लेकिन वे एक राष्ट्र में, एक सरकार के साथ एक साथ मिल गए हैं

they now have one national class-interest, one frontier and one customs-tariff

अब उनके पास एक राष्ट्रीय वर्ग-हित, एक सीमा और एक सीमा शुल्क-टैरिफ है

and this national class-interest is unified under one code of law

और यह राष्ट्रीय वर्ग-हित एक कानून संहिता के तहत एकीकृत है

the Bourgeoisie has achieved much during its rule of scarce one hundred years

पूंजीपति वर्ग ने अपने दुर्लभ एक सौ वर्षों के शासन के दौरान बहुत कुछ हासिल किया है

more massive and colossal productive forces than have all preceding generations together

सभी पूर्ववर्ती पीढ़ियों की तुलना में अधिक विशाल और विशाल उत्पादक शक्तियां एक साथ हैं

Nature's forces are subjugated to the will of man and his machinery

प्रकृति की शक्तियां मनुष्य और उसकी मशीनरी की इच्छा के अधीन हैं

chemistry is applied to all forms of industry and types of agriculture

रसायन विज्ञान उद्योग के सभी रूपों और कृषि के प्रकारों पर लागू होता है

steam-navigation, railways, electric telegraphs, and the printing press

स्टीम-नेविगेशन, रेलवे, इलेक्ट्रिक टेलीग्राफ और प्रिंटिंग प्रेस

clearing of whole continents for cultivation, canalisation of rivers

खेती के लिए पूरे महाद्वीपों की सफाई, नदियों का नहरीकरण

whole populations have been conjured out of the ground and put to work

पूरी आबादी को जमीन से बाहर निकाल दिया गया है और काम पर लगा दिया गया है

what earlier century had even a presentiment of what could be unleashed?

इससे पहले की सदी में क्या पूर्वाभास भी था कि क्या फैलाया जा सकता है?

who predicted that such productive forces slumbered in the lap of social labour?

किसने भविष्यवाणी की थी कि ऐसी उत्पादक शक्तियाँ सामाजिक श्रम की गोद में सो रही हैं?

we see then that the means of production and of exchange were generated in feudal society

तब हम देखते हैं कि सामंती समाज में उत्पादन और विनिमय के साधन उत्पन्न होते थे

the means of production on whose foundation the Bourgeoisie built itself up

उत्पादन के साधन जिनकी नींव पर पूंजीपति वर्ग ने खुद को बनाया

At a certain stage in the development of these means of production and of exchange

उत्पादन और विनिमय के इन साधनों के विकास में एक निश्चित स्तर पर

the conditions under which feudal society produced and exchanged

वे परिस्थितियाँ जिनके अधीन सामंती समाज का उत्पादन और आदान-प्रदान होता था

the feudal organisation of agriculture and manufacturing industry

कृषि और विनिर्माण उद्योग का सामंती संगठन

the feudal relations of property were no longer compatible with the material conditions

संपत्ति के सामंती संबंध अब भौतिक परिस्थितियों के अनुकूल नहीं थे

They had to be burst asunder, so they were burst asunder

उन्हें अलग करना था, इसलिए वे फट गए

Into their place stepped free competition from the productive forces

उनके स्थान पर उत्पादक शक्तियों से मुक्त प्रतिस्पर्धा ने कदम रखा

and they were accompanied by a social and political constitution adapted to it

और वे इसके अनुकूल एक सामाजिक और राजनीतिक संविधान के साथ थे

and it was accompanied by the economical and political sway of the Bourgeoisie class

और यह पूंजीपति वर्ग के आर्थिक और राजनीतिक बोलबाला के साथ था

A similar movement is going on before our own eyes

इसी तरह का आंदोलन हमारी अपनी आंखों के सामने चल रहा है

Modern Bourgeoisie society with its relations of production, and of exchange, and of property

आधुनिक बुर्जुआ समाज उत्पादन, विनिमय और संपत्ति के अपने संबंधों के साथ

a society that has conjured up such gigantic means of production and of exchange

एक ऐसा समाज जिसने उत्पादन और विनिमय के ऐसे विशाल साधनों को समेट लिया है

it is like the sorcerer who called up the powers of the nether world

यह उस जादूगर की तरह है जिसने पाताल लोक की शक्तियों को बुलाया

but he is no longer able to control what he has brought into the world

लेकिन वह अब दुनिया में जो कुछ भी लाया है उसे नियंत्रित करने में सक्षम नहीं है

For many a decade past history was tied together by a common thread

कई दशकों से पिछला इतिहास एक सामान्य धागे से बंधा हुआ था

the history of industry and commerce has been but the history of revolts

उद्योग और वाणिज्य का इतिहास केवल विद्रोहों का इतिहास रहा है

the revolts of modern productive forces against modern conditions of production

उत्पादन की आधुनिक अवस्थाओं के विरुद्ध आधुनिक उत्पादक शक्तियों का विद्रोह

the revolts of modern productive forces against property relations

संपत्ति संबंधों के खिलाफ आधुनिक उत्पादक शक्तियों का विद्रोह

these property relations are the conditions for the existence of the Bourgeoisie

ये संपत्ति संबंध पूंजीपति वर्ग के अस्तित्व की शर्तें हैं

and the existence of the Bourgeoisie determines the rules for property relations

और पूंजीपति वर्ग का अस्तित्व संपत्ति संबंधों के नियमों को निर्धारित करता है

it is enough to mention the periodical return of commercial crises

वाणिज्यिक संकटों की आवधिक वापसी का उल्लेख करना पर्याप्त है

each commercial crisis is more threatening to Bourgeoisie society than the last

प्रत्येक वाणिज्यिक संकट पिछले की तुलना में बुर्जुआ समाज के लिए अधिक खतरा है

In these crises a great part of the existing products are destroyed

इन संकटों में मौजूदा उत्पादों का एक बड़ा हिस्सा नष्ट हो जाता है

but these crises also destroy the previously created productive forces

लेकिन ये संकट पहले से निर्मित उत्पादक शक्तियों को भी नष्ट कर देते हैं

in all earlier epochs these epidemics would have seemed an absurdity

पहले के सभी युगों में ये महामारियां एक बेतुकी लगती थीं

because these epidemics are the commercial crises of over-production

क्योंकि ये महामारियां अति-उत्पादन के वाणिज्यिक संकट हैं

Society suddenly finds itself put back into a state of momentary barbarism

समाज अचानक खुद को क्षणिक बर्बरता की स्थिति में वापस पाता है

as if a universal war of devastation had cut off every means of subsistence

मानो तबाही के एक सार्वभौमिक युद्ध ने निर्वाह के हर साधन को काट दिया हो

industry and commerce seem to have been destroyed; and why?

उद्योग और वाणिज्य नष्ट हो गए हैं; और क्यों?

Because there is too much civilisation and means of subsistence

क्योंकि बहुत अधिक सभ्यता और निर्वाह के साधन हैं

and because there is too much industry, and too much commerce

और क्योंकि बहुत अधिक उद्योग है, और बहुत अधिक वाणिज्य है

The productive forces at the disposal of society no longer develop Bourgeoisie property

समाज के निपटान में उत्पादक शक्तियां अब पूंजीपति संपत्ति का विकास नहीं करती हैं

on the contrary, they have become too powerful for these conditions, by which they are fettered

इसके विपरीत, वे इन स्थितियों के लिए बहुत शक्तिशाली हो गए हैं, जिसके द्वारा वे बंधे हुए हैं

as soon as they overcome these fetters, they bring disorder into the whole of Bourgeoisie society

जैसे ही वे इन बेड़ियों पर काबू पा लेते हैं, वे पूरे बुर्जुआ समाज में अव्यवस्था ला देते हैं

and the productive forces endanger the existence of Bourgeoisie property

और उत्पादक शक्तियाँ बुर्जुआ संपत्ति के अस्तित्व को खतरे में डालती हैं

The conditions of Bourgeoisie society are too narrow to comprise the wealth created by them

बुर्जुआ समाज की स्थितियां इतनी संकीर्ण हैं कि उनके द्वारा बनाई गई संपत्ति को शामिल नहीं किया जा सकता है

And how does the Bourgeoisie get over these crises?

और पूंजीपति वर्ग इन संकटों से कैसे उबरता है?

On the one hand, it overcomes these crises by the enforced destruction of a mass of productive forces

एक ओर, यह उत्पादक शक्तियों के एक बड़े पैमाने पर लागू विनाश द्वारा इन संकटों पर काबू पाता है

on the other hand, it overcomes these crises by the conquest of new markets

दूसरी ओर, यह नए बाजारों की विजय द्वारा इन संकटों पर काबू पाता है

and it overcomes these crises by the more thorough exploitation of the old forces of production

और यह उत्पादन की पुरानी शक्तियों के अधिक गहन शोषण द्वारा इन संकटों पर काबू पाता है

That is to say, by paving the way for more extensive and more destructive crises

यह कहना है, अधिक व्यापक और अधिक विनाशकारी संकटों का मार्ग प्रशस्त करके

it overcomes the crisis by diminishing the means whereby crises are prevented

यह उन साधनों को कम करके संकट पर काबू पाता है जिनसे संकटों को रोका जाता है

The weapons with which the Bourgeoisie felled feudalism to the ground are now turned against itself

जिन हथियारों से पूंजीपति वर्ग ने सामंतवाद को जमीन पर गिरा दिया, वे अब अपने खिलाफ हो गए हैं

But not only has the Bourgeoisie forged the weapons that bring death to itself

लेकिन न केवल पूंजीपति वर्ग ने उन हथियारों को जाली बनाया है जो खुद को मौत लाते हैं

it has also called into existence the men who are to wield those weapons

इसने उन लोगों को भी अस्तित्व में बुलाया है जिन्हें उन हथियारों को चलाना है

and these men are the modern working class; they are the proletarians

और ये लोग आधुनिक श्रमिक वर्ग हैं; वे सर्वहारा हैं

In proportion as the Bourgeoisie is developed, in the same proportion is the Proletariat developed

जिस अनुपात में पूंजीपति वर्ग विकसित होता है, उसी अनुपात में सर्वहारा वर्ग का विकास होता है

the modern working class developed a class of labourers

आधुनिक मजदूर वर्ग ने मजदूरों का एक वर्ग विकसित किया

this class of labourers live only so long as they find work

मजदूरों का यह वर्ग तभी तक जीवित रहता है जब तक उसे काम मिलता है

and they find work only so long as their labour increases capital

और उन्हें तभी तक काम मिलता है जब तक उनके श्रम से पूंजी बढ़ती है

These labourers, who must sell themselves piece-meal, are a commodity

ये मजदूर, जिन्हें खुद को टुकड़ों में बेचना पड़ता है, एक वस्तु हैं

these labourers are like every other article of commerce

ये मजदूर वाणिज्य के हर दूसरे लेख की तरह हैं

and they are consequently exposed to all the vicissitudes of competition

और परिणामस्वरूप वे प्रतिस्पर्धा के सभी उतार-चढ़ावों के संपर्क में आ जाते हैं

they have to weather all the fluctuations of the market

उन्हें बाजार के सभी उतार-चढ़ाव का सामना करना पड़ता है

Owing to the extensive use of machinery and to division of labour

मशीनरी के व्यापक उपयोग और श्रम विभाजन के कारण

the work of the proletarians has lost all individual character

सर्वहारा वर्ग के काम ने सभी व्यक्तिगत चरित्र खो दिए हैं

and consequently, the work of the proletarians has lost all charm for the workman

और परिणामस्वरूप, सर्वहारा वर्ग के काम ने काम करने वाले के लिए सभी आकर्षण खो दिए हैं

He becomes an appendage of the machine, rather than the man he once was

वह मशीन का एक उपांग बन जाता है, बजाय उस आदमी के जो वह एक बार था

only the most simple, monotonous, and most easily acquired knack is required of him

केवल सबसे सरल, नीरस और सबसे आसानी से अर्जित कौशल की आवश्यकता होती है

Hence, the cost of production of a workman is restricted

इसलिए, एक कामगार के उत्पादन की लागत प्रतिबंधित है

it is restricted almost entirely to the means of subsistence that he requires for his maintenance

यह लगभग पूरी तरह से निर्वाह के साधनों तक ही सीमित है जो उसे अपने रखरखाव के लिए आवश्यक है

and it is restricted to the means of subsistence that he requires for the propagation of his race

और यह निर्वाह के साधनों तक ही सीमित है जो उसे अपनी जाति के प्रचार के लिए आवश्यक है

But the price of a commodity, and therefore also of labour, is equal to its cost of production

लेकिन एक वस्तु की कीमत, और इसलिए श्रम की भी, उत्पादन की लागत के बराबर है

In proportion, therefore, as the repulsiveness of the work increases, the wage decreases

अतः जिस अनुपात में कार्य की प्रतिकर्षण बढ़ती है, मजदूरी घटती जाती है

Nay, the repulsiveness of his work increases at an even greater rate

नहीं, उसके काम की प्रतिकर्षण और भी अधिक दर से बढ़ जाती है

as the use of machinery and division of labour increases, so does the burden of toil

जैसे-जैसे मशीनरी का उपयोग और श्रम विभाजन बढ़ता है, वैसे-वैसे परिश्रम का बोझ भी बढ़ता जाता है

the burden of toil is increased by prolongation of the working hours

काम के घंटों को लम्बा करने से परिश्रम का बोझ बढ़ जाता है

more is expected of the labourer in the same time as before

पहले की तरह ही समय में मजदूर से अधिक की उम्मीद है

and of course the burden of the toil is increased by the speed of the machinery

और निश्चित रूप से मशीनरी की गति से परिश्रम का बोझ बढ़ जाता है

Modern industry has converted the little workshop of the patriarchal master into the great factory of the industrial capitalist

आधुनिक उद्योग ने पितृसत्तात्मक मालिक की छोटी कार्यशाला को औद्योगिक पूंजीपति के महान कारखाने में बदल दिया है

Masses of labourers, crowded into the factory, are organised like soldiers

कारखाने में मजदूरों की भीड़, सैनिकों की तरह संगठित होती है

As privates of the industrial army they are placed under the command of a perfect hierarchy of officers and sergeants

औद्योगिक सेना के निजी के रूप में उन्हें अधिकारियों और सार्जेंटों के एक पूर्ण पदानुक्रम की कमान के तहत रखा गया है

they are not only the slaves of the Bourgeoisie class and State

वे न केवल बुर्जुआ वर्ग और राज्य के गुलाम हैं

but they are also daily and hourly enslaved by the machine

लेकिन वे मशीन द्वारा दैनिक और प्रति घंटा गुलाम भी हैं

they are enslaved by the over-looker, and, above all, by the individual Bourgeoisie manufacturer himself

वे ओवर-लुकर द्वारा गुलाम हैं, और सबसे बढ़कर, व्यक्तिगत पूंजीपति निर्माता द्वारा स्वयं।

The more openly this despotism proclaims gain to be its end and aim, the more petty, the more hateful and the more embittering it is

जितना अधिक खुले तौर पर यह निरंकुशता लाभ को अपना अंत और उद्देश्य घोषित करती है, उतना ही क्षुद्र, अधिक घृणित और अधिक कटु होता है

the more modern industry becomes developed, the lesser are the differences between the sexes

जितना अधिक आधुनिक उद्योग विकसित होता है, लिंगों के बीच अंतर उतना ही कम होता है

The less the skill and exertion of strength implied in manual labour, the more is the labour of men superseded by that of women

शारीरिक श्रम में निहित कौशल और शक्ति का परिश्रम जितना कम होता है, उतना ही अधिक पुरुषों का श्रम महिलाओं द्वारा प्रतिस्थापित किया जाता है

Differences of age and sex no longer have any distinctive social validity for the working class

उम्र और लिंग के अंतर अब श्रमिक वर्ग के लिए कोई विशिष्ट सामाजिक वैधता नहीं है

All are instruments of labour, more or less expensive to use, according to their age and sex

सभी श्रम के साधन हैं, उनकी उम्र और लिंग के अनुसार उपयोग करने के लिए कम या ज्यादा खर्चीला

as soon as the labourer receives his wages in cash, than he is set upon by the other portions of the Bourgeoisie

जैसे ही मजदूर नकद में अपनी मजदूरी प्राप्त करता है, वह पूंजीपति वर्ग के अन्य हिस्सों द्वारा निर्धारित किया जाता है

the landlord, the shopkeeper, the pawnbroker, etc

मकान मालिक, दुकानदार, साहूकार, आदि

The lower strata of the middle class; the small trades people and shopkeepers

मध्यम वर्ग के निचले तबके; छोटे व्यापारी लोग और दुकानदार

the retired tradesmen generally, and the handicraftsmen and peasants

आम तौर पर सेवानिवृत्त व्यापारी, और हस्तशिल्पी और किसान

all these sink gradually into the Proletariat

ये सभी धीरे-धीरे सर्वहारा वर्ग में डूब जाते हैं

partly because their diminutive capital does not suffice for the scale on which Modern Industry is carried on

आंशिक रूप से क्योंकि उनकी कम पूंजी उस पैमाने के लिए पर्याप्त नहीं है जिस पर आधुनिक उद्योग चलाया जाता है

and because it is swamped in the competition with the large capitalists

और क्योंकि यह बड़े पूंजीपतियों के साथ प्रतिस्पर्धा में दलदल में है

partly because their specialized skill is rendered worthless by the new methods of production

आंशिक रूप से क्योंकि उत्पादन के नए तरीकों से उनके विशेष कौशल को बेकार कर दिया जाता है

Thus the Proletariat is recruited from all classes of the population

इस प्रकार सर्वहारा वर्ग को आबादी के सभी वर्गों से भर्ती किया जाता है

The Proletariat goes through various stages of development

सर्वहारा वर्ग विकास के विभिन्न चरणों से गुजरता है

With its birth begins its struggle with the Bourgeoisie

इसके जन्म के साथ पूंजीपति वर्ग के साथ इसका संघर्ष शुरू होता है

At first the contest is carried on by individual labourers

सबसे पहले प्रतियोगिता व्यक्तिगत मजदूरों द्वारा की जाती है

then the contest is carried on by the workpeople of a factory

फिर प्रतियोगिता एक कारखाने के श्रमिकों द्वारा की जाती है

then the contest is carried on by the operatives of one trade, in one locality

फिर प्रतियोगिता एक इलाके में एक व्यापार के गुर्गों द्वारा की जाती है

and the contest is then against the individual Bourgeoisie who directly exploits them

और प्रतियोगिता तब व्यक्तिगत पूंजीपति वर्ग के खिलाफ होती है जो सीधे उनका शोषण करता है

They direct their attacks not against the Bourgeoisie conditions of production

वे अपने हमलों को उत्पादन की बुर्जुआ परिस्थितियों के खिलाफ निर्देशित नहीं करते हैं

but they direct their attack against the instruments of production themselves

लेकिन वे उत्पादन के साधनों के खिलाफ अपने हमले को निर्देशित करते हैं

they destroy imported wares that compete with their labour

वे आयातित माल को नष्ट कर देते हैं जो उनके श्रम के साथ प्रतिस्पर्धा करते हैं

they smash to pieces machinery and they set factories ablaze

वे मशीनरी को टुकड़े-टुकड़े कर देते हैं और कारखानों में आग लगा देते हैं

they seek to restore by force the vanished status of the workman of the Middle Ages

वे मध्य युग के कामगार की लुप्त स्थिति को बलपूर्वक बहाल करना चाहते हैं

At this stage the labourers still form an incoherent mass scattered over the whole country

इस स्तर पर मजदूर अभी भी पूरे देश में बिखरे हुए एक असंगत द्रव्यमान का निर्माण करते हैं

and they are broken up by their mutual competition

और वे अपनी आपसी प्रतिस्पर्धा से टूट गए हैं

If anywhere they unite to form more compact bodies, this is not yet the consequence of their own active union

यदि कहीं भी वे अधिक कॉम्पैक्ट निकाय बनाने के लिए एकजुट होते हैं, तो यह अभी तक उनके स्वयं के सक्रिय संघ का परिणाम नहीं है

but it is a consequence of the union of the Bourgeoisie, to attain its own political ends

लेकिन यह पूंजीपति वर्ग के मिलन का परिणाम है, अपने स्वयं के राजनीतिक सिरों को प्राप्त करने के लिए

the Bourgeoisie is compelled to set the whole Proletariat in motion

पूंजीपति वर्ग पूरे सर्वहारा वर्ग को गति में स्थापित करने के लिए मजबूर है

and moreover, for a time being, the Bourgeoisie is able to do so

और इसके अलावा, कुछ समय के लिए, पूंजीपति वर्ग ऐसा करने में सक्षम है

At this stage, therefore, the proletarians do not fight their enemies

इसलिए, इस स्तर पर, सर्वहारा अपने दुश्मनों से नहीं लड़ता है

but instead they are fighting the enemies of their enemies

लेकिन इसके बजाय वे अपने दुश्मनों के दुश्मनों से लड़ रहे हैं

the fight the remnants of absolute monarchy and the landowners

पूर्ण राजशाही और भूस्वामियों के अवशेषों से लड़ाई

they fight the non-industrial Bourgeoisie; the petty Bourgeoisie

वे गैर-औद्योगिक पूंजीपति वर्ग से लड़ते हैं; क्षुद्र पूंजीपति वर्ग

Thus the whole historical movement is concentrated in the hands of the Bourgeoisie

इस प्रकार पूरा ऐतिहासिक आंदोलन पूंजीपति वर्ग के हाथों में केंद्रित है

every victory so obtained is a victory for the Bourgeoisie

इस प्रकार प्राप्त हर जीत पूंजीपति वर्ग की जीत है

But with the development of industry the Proletariat not only increases in number

लेकिन उद्योग के विकास के साथ सर्वहारा न केवल संख्या में वृद्धि करता है

the Proletariat becomes concentrated in greater masses and its strength grows

सर्वहारा अधिक से अधिक जनसमूह में केंद्रित हो जाता है और उसकी ताकत बढ़ती है

and the Proletariat feels that strength more and more

और सर्वहारा उस ताकत को अधिक से अधिक महसूस करता है

The various interests and conditions of life within the ranks of the Proletariat are more and more equalised

सर्वहारा वर्ग के रैंकों के भीतर जीवन के विभिन्न हित और स्थितियां अधिक से अधिक समान हैं

they become more in proportion as machinery obliterates all distinctions of labour

वे अनुपात में अधिक हो जाते हैं क्योंकि मशीनरी श्रम के सभी भेदों को मिटा देती है

and machinery nearly everywhere reduces wages to the same low level

और मशीनरी लगभग हर जगह मजदूरी को समान निम्न स्तर तक कम कर देती है

The growing competition among the Bourgeoisie, and the resulting commercial crises, make the wages of the workers ever more fluctuating

पूंजीपति वर्ग के बीच बढ़ती प्रतिस्पर्धा, और परिणामस्वरूप वाणिज्यिक संकट, श्रमिकों की मजदूरी को और अधिक उतार-चढ़ाव बनाते हैं

The unceasing improvement of machinery, ever more rapidly developing, makes their livelihood more and more precarious

मशीनरी का निरंतर सुधार, कभी अधिक तेजी से विकसित हो रहा है, उनकी आजीविका को अधिक से अधिक अनिश्चित बना देता है

the collisions between individual workmen and individual Bourgeoisie take more and more the character of collisions between two classes

व्यक्तिगत श्रमिकों और व्यक्तिगत पूंजीपति वर्ग के बीच टकराव दो वर्गों के बीच टकराव के चरित्र को अधिक से अधिक लेते हैं

Thereupon the workers begin to form combinations (Trades Unions) against the Bourgeoisie

इसके बाद मजदूर पूंजीपति वर्ग के खिलाफ संयोजन (ट्रेड यूनियन) बनाने लगते हैं

they club together in order to keep up the rate of wages

मजदूरी की दर को बनाए रखने के लिए वे एक साथ क्लब करते हैं

they found permanent associations in order to make provision beforehand for these occasional revolts

इन सामयिक विद्रोहों के लिए पहले से प्रावधान करने के लिए उन्हें स्थायी संघ मिले

Here and there the contest breaks out into riots

इधर-उधर की प्रतियोगिता दंगों में बदल जाती है

Now and then the workers are victorious, but only for a time

अब और फिर कार्यकर्ता विजयी होते हैं, लेकिन केवल कुछ समय के लिए

The real fruit of their battles lies, not in the immediate result, but in the ever-expanding union of the workers

उनकी लड़ाइयों का असली फल तात्कालिक परिणाम में नहीं, बल्कि मज़दूरों की लगातार बढ़ती यूनियन में है

This union is helped on by the improved means of communication that are created by modern industry

इस संघ को आधुनिक उद्योग द्वारा बनाए गए संचार के बेहतर साधनों द्वारा मदद की जाती है

modern communication places the workers of different localities in contact with one another

आधुनिक संचार विभिन्न इलाकों के श्रमिकों को एक दूसरे के संपर्क में रखता है

It was just this contact that was needed to centralise the numerous local struggles into one national struggle between classes

यह सिर्फ वह संपर्क था जो कई स्थानीय संघर्षों को वर्गों के बीच एक राष्ट्रीय संघर्ष में केंद्रीकृत करने के लिए आवश्यक था

all of these struggles are of the same character, and every class struggle is a political struggle

ये सभी संघर्ष एक ही चरित्र के हैं, और हर वर्ग संघर्ष एक राजनीतिक संघर्ष है

the burghers of the Middle Ages, with their miserable highways, required centuries to form their unions

मध्य युग के बर्गर, अपने दयनीय राजमार्गों के साथ, अपनी यूनियनों को बनाने के लिए सदियों की आवश्यकता थी

the modern proletarians, thanks to railways, achieve their unions within a few years

आधुनिक सर्वहारा, रेलवे के लिए धन्यवाद, कुछ वर्षों के भीतर अपनी यूनियनों को प्राप्त करते हैं

This organisation of the proletarians into a class consequently formed them into a political party

सर्वहारा वर्ग को एक वर्ग में बँटाने के इस संगठन ने
फलस्वरूप उन्हें एक राजनीतिक दल बना दिया

the political class is continually being upset again by the
competition between the workers themselves

खुद मजदूरों के बीच होड़ से राजनीतिक वर्ग लगातार परेशान
हो रहा है

But the political class continues to rise up again, stronger,
firmer, mightier

लेकिन राजनीतिक वर्ग फिर से ऊपर उठना जारी रखता है,
मजबूत, दृढ़, शक्तिशाली

It compels legislative recognition of particular interests of
the workers

यह श्रमिकों के विशेष हितों की विधायी मान्यता को मजबूर
करता है

it does this by taking advantage of the divisions among the
Bourgeoisie itself

यह पूंजीपति वर्ग के बीच विभाजन का लाभ उठाकर ऐसा
करता है

Thus the ten-hours' bill in England was put into law

इस प्रकार इंग्लैंड में दस घंटे के बिल को कानून में डाल दिया
गया

in many ways the collisions between the classes of the old
society further is the course of development of the
Proletariat

कई मायनों में पुराने समाज के वर्गों के बीच टकराव सर्वहारा
वर्ग के विकास का पाठ्यक्रम है

The Bourgeoisie finds itself involved in a constant battle

पूंजीपति वर्ग खुद को एक निरंतर लड़ाई में शामिल पाता है

At first it will find itself involved in a constant battle with
the aristocracy

सबसे पहले यह खुद को अभिजात वर्ग के साथ निरंतर लड़ाई में शामिल पाएगा

later on it will find itself involved in a constant battle with those portions of the Bourgeoisie itself

बाद में यह खुद को पूंजीपति वर्ग के उन हिस्सों के साथ निरंतर लड़ाई में शामिल पाएगा

and their interests will have become antagonistic to the progress of industry

और उनके हित उद्योग की प्रगति के विरोधी हो गए होंगे

at all times, their interests will have become antagonistic with the Bourgeoisie of foreign countries

हर समय, उनके हित विदेशी देशों के पूंजीपति वर्ग के साथ विरोधी हो गए होंगे

In all these battles it sees itself compelled to appeal to the Proletariat, and asks for its help

इन सभी लड़ाइयों में यह खुद को सर्वहारा वर्ग से अपील करने के लिए मजबूर देखता है, और उसकी मदद मांगता है

and thus, it will feel compelled to drag it into the political arena

और इस प्रकार, यह इसे राजनीतिक क्षेत्र में घसीटने के लिए मजबूर महसूस करेगा

The Bourgeoisie itself, therefore, supplies the Proletariat with its own instruments of political and general education

इसलिए, पूंजीपति वर्ग स्वयं सर्वहारा वर्ग को राजनीतिक और सामान्य शिक्षा के अपने उपकरणों की आपूर्ति करता है

in other words, it furnishes the Proletariat with weapons for fighting the Bourgeoisie

दूसरे शब्दों में, यह पूंजीपति वर्ग से लड़ने के लिए सर्वहारा वर्ग को हथियारों के साथ प्रस्तुत करता है

Further, as we have already seen, entire sections of the ruling classes are precipitated into the Proletariat

इसके अलावा, जैसा कि हम पहले ही देख चुके हैं, शासक वर्गों के पूरे हिस्से सर्वहारा वर्ग में अवक्षेपित हैं

the advance of industry sucks them into the Proletariat

उद्योग की उन्नति उन्हें सर्वहारा वर्ग में चूस लेती है

or, at least, they are threatened in their conditions of existence

या, कम से कम, उन्हें उनके अस्तित्व की स्थितियों में धमकी दी जाती है

These also supply the Proletariat with fresh elements of enlightenment and progress

ये सर्वहारा वर्ग को ज्ञान और प्रगति के नए तत्वों की आपूर्ति भी करते हैं

Finally, in times when the class struggle nears the decisive hour

अंत में, ऐसे समय में जब वर्ग संघर्ष निर्णायक घंटे के करीब होता है

the process of dissolution going on within the ruling class

शासक वर्ग के भीतर चल रही विघटन की प्रक्रिया

in fact, the dissolution going on within the ruling class will be felt within the whole range of society

वास्तव में, शासक वर्ग के भीतर चल रहे विघटन को समाज के पूरे दायरे में महसूस किया जाएगा

it will take on such a violent, glaring character, that a small section of the ruling class cuts itself adrift

यह इतना हिंसक, चकाचौंध भरा चरित्र धारण कर लेगा कि शासक वर्ग का एक छोटा सा हिस्सा खुद को भटका देगा

and that ruling class will join the revolutionary class

और वह शासक वर्ग क्रांतिकारी वर्ग में शामिल हो जाएगा

the revolutionary class being the class that holds the future in its hands

क्रांतिकारी वर्ग वह वर्ग है जो भविष्य को अपने हाथों में रखता है

Just as at an earlier period, a section of the nobility went over to the Bourgeoisie

ठीक पहले की अवधि की तरह, बड़प्पन का एक वर्ग पूंजीपति वर्ग के पास चला गया

the same way a portion of the Bourgeoisie will go over to the Proletariat

उसी तरह पूंजीपति वर्ग का एक हिस्सा सर्वहारा वर्ग के पास चला जाएगा

in particular, a portion of the Bourgeoisie will go over to a portion of the Bourgeoisie ideologists

विशेष रूप से, पूंजीपति वर्ग का एक हिस्सा बुर्जुआ विचारकों के एक हिस्से में चला जाएगा

Bourgeoisie ideologists who have raised themselves to the level of comprehending theoretically the historical movement as a whole

बुर्जुआ विचारक जिन्होंने खुद को सैद्धांतिक रूप से ऐतिहासिक आंदोलन को समग्र रूप से समझने के स्तर तक उठाया है

Of all the classes that stand face to face with the Bourgeoisie today, the Proletariat alone is a really revolutionary class

आज बुर्जुआ वर्ग के साथ आमने-सामने खड़े सभी वर्गों में से, अकेले सर्वहारा वर्ग वास्तव में एक क्रांतिकारी वर्ग है

The other classes decay and finally disappear in the face of Modern Industry

अन्य वर्ग आधुनिक उद्योग के सामने क्षय हो जाते हैं और अंततः गायब हो जाते हैं

the Proletariat is its special and essential product

सर्वहारा उसका विशेष और आवश्यक उत्पाद है

The lower middle class, the small manufacturer, the shopkeeper, the artisan, the peasant

निम्न मध्यम वर्ग, छोटा निर्माता, दुकानदार, कारीगर, किसान

all these fight against the Bourgeoisie

ये सभी पूंजीपति वर्ग के खिलाफ लड़ते हैं

they fight as fractions of the middle class to save themselves from extinction

वे खुद को विलुप्त होने से बचाने के लिए मध्यम वर्ग के अंश के रूप में लड़ते हैं

They are therefore not revolutionary, but conservative

इसलिए वे क्रांतिकारी नहीं हैं, लेकिन रूढ़िवादी हैं

Nay more, they are reactionary, for they try to roll back the wheel of history

और नहीं, वे प्रतिक्रियावादी हैं, क्योंकि वे इतिहास के पहिये को पीछे घुमाने की कोशिश करते हैं

If by chance they are revolutionary, they are so only in view of their impending transfer into the Proletariat

यदि संयोग से वे क्रांतिकारी हैं, तो वे केवल सर्वहारा वर्ग में उनके आसन्न स्थानांतरण को देखते हुए हैं

they thus defend not their present, but their future interests

इस प्रकार वे अपने वर्तमान की नहीं, बल्कि अपने भविष्य के हितों की रक्षा करते हैं

they desert their own standpoint to place themselves at that of the Proletariat

वे सर्वहारा वर्ग के उस पर खुद को रखने के लिए अपने स्वयं के दृष्टिकोण को छोड़ देते हैं

The "dangerous class," the social scum, that passively rotting mass thrown off by the lowest layers of old society

"खतरनाक वर्ग," सामाजिक मैल, जो पुराने समाज की सबसे निचली परतों द्वारा फेंके गए निष्क्रिय रूप से सड़ते हुए द्रव्यमान को फेंक देता है

they may, here and there, be swept into the movement by a proletarian revolution

वे यहां-वहां सर्वहारा क्रांति से आंदोलन में बह सकते हैं

its conditions of life, however, prepare it far more for the part of a bribed tool of reactionary intrigue

जीवन की अपनी स्थितियों, तथापि, प्रतिक्रियावादी साज़िश का एक रिश्वत उपकरण के हिस्से के लिए कहीं अधिक यह तैयार

In the conditions of the Proletariat, those of old society at large are already virtually swamped

सर्वहारा वर्ग की स्थितियों में, बड़े पैमाने पर पुराने समाज के लोग पहले से ही लगभग दलदल में हैं

The proletarian is without property

सर्वहारा संपत्ति के बिना है

his relation to his wife and children has no longer anything in common with the Bourgeoisie's family-relations

अपनी पत्नी और बच्चों के साथ उनके संबंध में अब पूंजीपति वर्ग के पारिवारिक संबंधों के साथ कुछ भी सामान्य नहीं है

modern industrial labour, modern subjection to capital, the same in England as in France, in America as in Germany

आधुनिक औद्योगिक श्रम, पूंजी की आधुनिक अधीनता, इंग्लैंड में फ्रांस के समान, अमेरिका में जर्मनी के रूप में

his condition in society has stripped him of every trace of national character

समाज में उनकी स्थिति ने उन्हें राष्ट्रीय चरित्र के हर निशान से छीन लिया है

Law, morality, religion, are to him so many Bourgeoisie prejudices

कानून, नैतिकता, धर्म, उसके लिए इतने सारे बुर्जुआ पूर्वाग्रह हैं

and behind these prejudices lurk in ambush just as many Bourgeoisie interests

और इन पूर्वाग्रहों के पीछे घात में दुबके हुए हैं जैसे कि कई बुर्जुआ हित

All the preceding classes that got the upper hand, sought to fortify their already acquired status

सभी पूर्ववर्ती वर्गों ने ऊपरी हाथ प्राप्त किया, अपनी पहले से ही अर्जित स्थिति को मजबूत करने की मांग की

they did this by subjecting society at large to their conditions of appropriation

उन्होंने बड़े पैमाने पर समाज को विनियोग की अपनी शर्तों के अधीन करके ऐसा किया

The proletarians cannot become masters of the productive forces of society

सर्वहारा वर्ग समाज की उत्पादक शक्तियों का स्वामी नहीं बन सकता

it can only do this by abolishing their own previous mode of appropriation

यह केवल विनियोग के अपने पिछले मोड को समाप्त करके ऐसा कर सकता है

and thereby it also abolishes every other previous mode of appropriation

और इस तरह यह विनियोग के हर दूसरे पिछले मोड को भी समाप्त कर देता है

They have nothing of their own to secure and to fortify

उनके पास सुरक्षित करने और मजबूत करने के लिए अपना कुछ भी नहीं है

their mission is to destroy all previous securities for, and insurances of, individual property

उनका मिशन व्यक्तिगत संपत्ति के लिए सभी पिछली प्रतिभूतियों और बीमा को नष्ट करना है

All previous historical movements were movements of minorities

पिछले सभी ऐतिहासिक आंदोलन अल्पसंख्यकों के आंदोलन थे

or they were movements in the interests of minorities

या वे अल्पसंख्यकों के हित में आंदोलन थे

The proletarian movement is the self-conscious,
independent movement of the immense majority

सर्वहारा आंदोलन विशाल बहुमत का आत्म-जागरूक, स्वतंत्र
आंदोलन है

and it is a movement in the interests of the immense
majority

और यह विशाल बहुमत के हितों में एक आंदोलन है

The Proletariat, the lowest stratum of our present society

सर्वहारा वर्ग, हमारे वर्तमान समाज का सबसे निचला स्तर

it cannot stir or raise itself up without the whole
superincumbent strata of official society being sprung into
the air

यह आधिकारिक समाज के पूरे अधीक्षण स्तर को हवा में
उछाले बिना खुद को हिला या उठा नहीं सकता है

Though not in substance, yet in form, the struggle of the
Proletariat with the Bourgeoisie is at first a national struggle

हालांकि सार में नहीं, फिर भी रूप में, पूंजीपति वर्ग के साथ
सर्वहारा वर्ग का संघर्ष पहले एक राष्ट्रीय संघर्ष है

The Proletariat of each country must, of course, first of all
settle matters with its own Bourgeoisie

प्रत्येक देश के सर्वहारा वर्ग को, निश्चित रूप से, सबसे पहले,
अपने स्वयं के पूंजीपति वर्ग के साथ मामलों का निपटारा
करना चाहिए

In depicting the most general phases of the development of
the Proletariat, we traced the more or less veiled civil war

सर्वहारा वर्ग के विकास के सबसे सामान्य चरणों का चित्रण
करने में, हमने कमोबेश घूंघट वाले गृहयुद्ध का पता लगाया

this civil is raging within existing society

यह नागरिक मौजूदा समाज के भीतर उग्र है

it will rage up to the point where that war breaks out into open revolution

यह उस बिंदु तक बढ़ जाएगा जहां वह युद्ध खुली क्रांति में टूट जाता है

and then the violent overthrow of the Bourgeoisie lays the foundation for the sway of the Proletariat

और फिर पूंजीपति वर्ग का हिंसक तख्तापलट सर्वहारा वर्ग के बोलबाला की नींव रखता है

Hitherto, every form of society has been based, as we have already seen, on the antagonism of oppressing and oppressed classes

अब तक, समाज का हर रूप, जैसा कि हम पहले ही देख चुके हैं, उत्पीड़ित और उत्पीड़ित वर्गों के विरोध पर आधारित रहा है

But in order to oppress a class, certain conditions must be assured to it

लेकिन एक वर्ग पर अत्याचार करने के लिए, कुछ शर्तों का आश्वासन दिया जाना चाहिए

the class must be kept under conditions in which it can, at least, continue its slavish existence

वर्ग को उन परिस्थितियों में रखा जाना चाहिए जिनमें वह कम से कम अपने दासतापूर्ण अस्तित्व को जारी रख सके

The serf, in the period of serfdom, raised himself to membership in the commune

सर्फ़, सर्फ़डम की अवधि में, खुद को कम्यून में सदस्यता के लिए उठाया

just as the petty Bourgeoisie, under the yoke of feudal absolutism, managed to develop into a Bourgeoisie

जिस तरह सामंती निरंकुशता के जुए के नीचे क्षुद्र पूंजीपति वर्ग एक बुर्जुआ के रूप में विकसित होने में कामयाब रहा

The modern labourer, on the contrary, instead of rising with the progress of industry, sinks deeper and deeper

आधुनिक मजदूर, इसके विपरीत, उद्योग की प्रगति के साथ बढ़ने के बजाय, गहरे और गहरे डूबते हैं

he sinks below the conditions of existence of his own class

वह अपने ही वर्ग के अस्तित्व की शर्तों से नीचे डूब जाता है

He becomes a pauper, and pauperism develops more rapidly than population and wealth

वह एक कंगाल बन जाता है, और जनसंख्या और धन की तुलना में कंगाली अधिक तेजी से विकसित होती है

And here it becomes evident, that the Bourgeoisie is unfit any longer to be the ruling class in society

और यहाँ यह स्पष्ट हो जाता है, कि पूंजीपति वर्ग अब समाज में शासक वर्ग होने के लिए अयोग्य है

and it is unfit to impose its conditions of existence upon society as an over-riding law

और यह एक ओवर-राइडिंग कानून के रूप में समाज पर अपने अस्तित्व की शर्तों को लागू करने के लिए अयोग्य है

It is unfit to rule because it is incompetent to assure an existence to its slave within his slavery

यह शासन करने के लिए अयोग्य है क्योंकि यह अपनी गुलामी के भीतर अपने दास को अस्तित्व का आश्वासन देने में असमर्थ है

because it cannot help letting him sink into such a state, that it has to feed him, instead of being fed by him

क्योंकि यह उसे ऐसी स्थिति में डूबने में मदद नहीं कर सकता है, कि उसे उसके द्वारा खिलाए जाने के बजाय उसे खिलाना पड़े

Society can no longer live under this Bourgeoisie

समाज अब इस पूंजीपति वर्ग के अधीन नहीं रह सकता

in other words, its existence is no longer compatible with society

दूसरे शब्दों में, इसका अस्तित्व अब समाज के अनुकूल नहीं है

The essential condition for the existence, and for the sway of the Bourgeoisie class, is the formation and augmentation of capital

अस्तित्व के लिए और बुर्जुआ वर्ग के प्रभुत्व के लिए आवश्यक शर्त, पूंजी का गठन और वृद्धि है

the condition for capital is wage-labour

पूंजी के लिए शर्त मजदूरी-श्रम है

Wage-labour rests exclusively on competition between the labourers

मजदूरी-श्रम विशेष रूप से मजदूरों के बीच प्रतिस्पर्धा पर टिका हुआ है

The advance of industry, whose involuntary promoter is the Bourgeoisie, replaces the isolation of the labourers

उद्योग की उन्नति, जिसका अनैच्छिक प्रवर्तक पूंजीपति वर्ग है, मजदूरों के अलगाव की जगह लेता है

due to competition, due to their revolutionary combination, due to association

प्रतिस्पर्धा के कारण, उनके क्रांतिकारी संयोजन के कारण, संघ के कारण

The development of Modern Industry cuts from under its feet the very foundation on which the Bourgeoisie produces and appropriates products

आधुनिक उद्योग का विकास उसके पैरों के नीचे से उस नींव को काटता है जिस पर पूंजीपति वर्ग उत्पादों का उत्पादन और विनियोजन करता है

What the Bourgeoisie produces, above all, is its own grave-diggers

पूंजीपति वर्ग जो पैदा करता है, सबसे बढ़कर, वह है अपनी कब्र खोदने वाले

The fall of the Bourgeoisie and the victory of the Proletariat are equally inevitable

पूंजीपति वर्ग का पतन और सर्वहारा वर्ग की जीत समान रूप से अपरिहार्य हैं

Proletarians and Communists
सर्वहारा और कम्युनिस्ट

In what relation do the Communists stand to the proletarians as a whole?

कम्युनिस्टों का सर्वहारा वर्ग से क्या संबंध है?

The Communists do not form a separate party opposed to other working-class parties

कम्युनिस्ट अन्य मजदूर वर्ग की पार्टियों के विरोध में एक अलग पार्टी नहीं बनाते हैं

They have no interests separate and apart from those of the proletariat as a whole

उनका कोई अलग और समग्र रूप से सर्वहारा वर्ग से अलग कोई हित नहीं है

They do not set up any sectarian principles of their own, by which to shape and mould the proletarian movement

वे अपना कोई सांप्रदायिक सिद्धांत स्थापित नहीं करते हैं, जिसके द्वारा सर्वहारा आंदोलन को आकार दिया जाए और ढाला जाए

The Communists are distinguished from the other working-class parties by only two things

कम्युनिस्टों को अन्य मजदूर वर्ग की पार्टियों से केवल दो चीजों से अलग किया जाता है

Firstly, they point out and bring to the front the common interests of the entire proletariat, independently of all nationality

सबसे पहले, वे सभी राष्ट्रीयताओं से स्वतंत्र रूप से पूरे सर्वहारा वर्ग के सामान्य हितों को इंगित करते हैं और सामने लाते हैं

this they do in the national struggles of the proletarians of the different countries

यह वे विभिन्न देशों के सर्वहारा वर्ग के राष्ट्रीय संघर्षों में करते हैं

Secondly, they always and everywhere represent the interests of the movement as a whole

दूसरे, वे हमेशा और हर जगह समग्र रूप से आंदोलन के हितों का प्रतिनिधित्व करते हैं

this they do in the various stages of development, which the struggle of the working class against the Bourgeoisie has to pass through

यह वे विकास के विभिन्न चरणों में करते हैं, जिससे पूंजीपति वर्ग के खिलाफ मजदूर वर्ग के संघर्ष को गुजरना पड़ता है

The Communists, therefore, are on the one hand, practically, the most advanced and resolute section of the working-class parties of every country

इसलिए, एक तरफ, व्यावहारिक रूप से, कम्युनिस्ट हर देश की मज़दूर वर्ग की पार्टियों का सबसे उन्नत और दृढ़ हिस्सा हैं

they are that section of the working class which pushes forward all others

वे मजदूर वर्ग का वह हिस्सा हैं जो अन्य सभी को आगे बढ़ाता है

theoretically, they also have the advantage of clearly understanding the line of march

सैद्धांतिक रूप से, उन्हें मार्च की रेखा को स्पष्ट रूप से समझने का लाभ भी है

this they understand better compared the great mass of the proletariat

सर्वहारा वर्ग के महान जन की तुलना में वे इसे बेहतर समझते हैं

they understand the conditions, and the ultimate general results of the proletarian movement

वे सर्वहारा आंदोलन की स्थितियों और अंतिम सामान्य परिणामों को समझते हैं

The immediate aim of the Communist is the same as that of all the other proletarian parties

कम्युनिस्टों का तात्कालिक उद्देश्य वही है जो अन्य सभी सर्वहारा पार्टियों का है

their aim is the formation of the proletariat into a class

उनका उद्देश्य सर्वहारा वर्ग को एक वर्ग में बनाना है

they aim to overthrow the Bourgeoisie supremacy

उनका उद्देश्य पूंजीपति वर्ग के वर्चस्व को उखाड़ फेंकना है

the strive for the conquest of political power by the proletariat

सर्वहारा वर्ग द्वारा राजनीतिक सत्ता की विजय के लिए प्रयास

The theoretical conclusions of the Communists are in no way based on ideas or principles of reformers

कम्युनिस्टों के सैद्धांतिक निष्कर्ष किसी भी तरह से सुधारकों के विचारों या सिद्धांतों पर आधारित नहीं हैं

it wasn't would-be universal reformers that invented or discovered the theoretical conclusions of the Communists

यह सार्वभौमिक सुधारक नहीं थे जिन्होंने कम्युनिस्टों के सैद्धांतिक निष्कर्षों का आविष्कार या खोज की थी

They merely express, in general terms, actual relations springing from an existing class struggle

वे केवल व्यक्त करते हैं, सामान्य शब्दों में, एक मौजूदा वर्ग संघर्ष से उत्पन्न वास्तविक संबंध

and they describe the historical movement going on under our very eyes that have created this class struggle

और वे हमारी आंखों के नीचे चल रहे ऐतिहासिक आंदोलन का वर्णन करते हैं जिसने इस वर्ग संघर्ष को बनाया है

The abolition of existing property relations is not at all a distinctive feature of Communism

मौजूदा संपत्ति संबंधों का उन्मूलन साम्यवाद की एक विशिष्ट विशेषता नहीं है

All property relations in the past have continually been subject to historical change

अतीत में सभी संपत्ति संबंध लगातार ऐतिहासिक परिवर्तन के अधीन रहे हैं

and these changes were consequent upon the change in historical conditions

और ये परिवर्तन ऐतिहासिक परिस्थितियों में परिवर्तन के परिणामस्वरूप थे

The French Revolution, for example, abolished feudal property in favour of Bourgeoisie property

उदाहरण के लिए, फ्रांसीसी क्रांति ने बुर्जुआ संपत्ति के पक्ष में सामंती संपत्ति को समाप्त कर दिया

The distinguishing feature of Communism is not the abolition of property, generally

साम्यवाद की विशिष्ट विशेषता संपत्ति का उन्मूलन नहीं है, आम तौर पर

but the distinguishing feature of Communism is the abolition of Bourgeoisie property

लेकिन साम्यवाद की विशिष्ट विशेषता बुर्जुआ संपत्ति का उन्मूलन है

But modern Bourgeoisie private property is the final and most complete expression of the system of producing and appropriating products

लेकिन आधुनिक पूंजीपति निजी संपत्ति उत्पादों के उत्पादन और विनियोग की प्रणाली की अंतिम और सबसे पूर्ण अभिव्यक्ति है

it is the final state of a system that is based on class antagonisms, where class antagonism is the exploitation of the many by the few

यह एक ऐसी प्रणाली की अंतिम स्थिति है जो वर्ग विरोधों पर आधारित है, जहां वर्ग विरोध कुछ लोगों द्वारा कई का शोषण है

In this sense, the theory of the Communists may be summed up in the single sentence; the Abolition of private property

इस अर्थ में, कम्युनिस्टों के सिद्धांत को एकल वाक्य में अभिव्यक्त किया जा सकता है; निजी संपत्ति का उन्मूलन

We Communists have been reproached with the desire of abolishing the right of personally acquiring property

हम कम्युनिस्टों को व्यक्तिगत रूप से संपत्ति अर्जित करने के अधिकार को समाप्त करने की इच्छा से फटकार लगाई गई है

it is claimed that this property is the fruit of a man's own labour

यह दावा किया जाता है कि यह संपत्ति मनुष्य के अपने श्रम का फल है

and this property is alleged to be the groundwork of all personal freedom, activity and independence.

और इस संपत्ति को सभी व्यक्तिगत स्वतंत्रता, गतिविधि और स्वतंत्रता का आधार माना जाता है।

"Hard-won, self-acquired, self-earned property!"

"कड़ी मेहनत से, स्व-अर्जित, स्व-अर्जित संपत्ति!"

Do you mean the property of the petty artisan and of the small peasant?

क्या आपका मतलब छोटे कारीगर और छोटे किसान की संपत्ति से है?

Do you mean a form of property that preceded the Bourgeoisie form?

क्या आपका मतलब संपत्ति के एक रूप से है जो बुर्जुआ रूप से पहले था?

There is no need to abolish that, the development of industry has to a great extent already destroyed it

इसे समाप्त करने की कोई आवश्यकता नहीं है, उद्योग के विकास ने इसे पहले ही काफी हद तक नष्ट कर दिया है

and development of industry is still destroying it daily

और उद्योग का विकास अभी भी इसे प्रतिदिन नष्ट कर रहा है

Or do you mean modern Bourgeoisie private property?

या आपका मतलब आधुनिक बुर्जुआ निजी संपत्ति से है?

But does wage-labour create any property for the labourer?

लेकिन क्या मजदूरी-मजदूरी मजदूर के लिए कोई संपत्ति पैदा करती है?

no, wage labour creates not one bit of this kind of property!

नहीं, मजदूरी मजदूरी इस तरह की संपत्ति का एक टुकड़ा भी नहीं बनाती है!

what wage labour does create is capital; that kind of property which exploits wage-labour

मजदूरी श्रम जो बनाता है वह पूंजी है; उस तरह की संपत्ति जो मजदूरी-श्रम का शोषण करती है

capital cannot increase except upon condition of begetting a new supply of wage-labour for fresh exploitation

पूंजी तब तक नहीं बढ़ सकती जब तक कि वह नए शोषण के लिए मजदूरी-श्रम की नई आपूर्ति न कर दे

Property, in its present form, is based on the antagonism of capital and wage-labour

संपत्ति, अपने वर्तमान स्वरूप में, पूंजी और मजदूरी-श्रम के विरोध पर आधारित है

Let us examine both sides of this antagonism

आइए हम इस विरोध के दोनों पक्षों की जांच करें

To be a capitalist is to have not only a purely personal status

पूंजीवादी होने का अर्थ न केवल विशुद्ध रूप से व्यक्तिगत स्थिति होना है

instead, to be a capitalist is also to have a social status in production

इसके बजाय, पूंजीवादी होने का अर्थ उत्पादन में सामाजिक स्थिति होना भी है

because capital is a collective product; only by the united action of many members can it be set in motion

क्योंकि पूंजी एक सामूहिक उत्पाद है; केवल कई सदस्यों की एकजुट कार्रवाई से ही इसे गति में स्थापित किया जा सकता है

but this united action is a last resort, and actually requires all members of society

लेकिन यह एकजुट कार्रवाई एक अंतिम उपाय है, और वास्तव में समाज के सभी सदस्यों की आवश्यकता है

Capital does get converted into the property of all members of society

पूंजी समाज के सभी सदस्यों की संपत्ति में परिवर्तित हो जाती है

but Capital is, therefore, not a personal power; it is a social power

लेकिन पूंजी, इसलिए, एक व्यक्तिगत शक्ति नहीं है; यह एक सामाजिक शक्ति है

so when capital is converted into social property, personal property is not thereby transformed into social property

इसलिए जब पूंजी को सामाजिक संपत्ति में परिवर्तित किया जाता है, तो व्यक्तिगत संपत्ति सामाजिक संपत्ति में परिवर्तित नहीं होती है

It is only the social character of the property that is changed, and loses its class-character

यह केवल संपत्ति का सामाजिक चरित्र है जो बदल जाता है, और अपने वर्ग-चरित्र को खो देता है

Let us now look at wage-labour

आइए अब हम मजदूरी-श्रम को देखें

The average price of wage-labour is the minimum wage, i.e., that quantum of the means of subsistence

मजदूरी-श्रम की औसत कीमत न्यूनतम मजदूरी है, अर्थात, निर्वाह के साधनों की मात्रा

this wage is absolutely requisite in bare existence as a labourer

एक मजदूर के रूप में नंगे अस्तित्व में यह मजदूरी नितांत आवश्यक है

What, therefore, the wage-labourer appropriates by means of his labour, merely suffices to prolong and reproduce a bare existence

इसलिए, मजदूरी-मजदूर अपने श्रम के माध्यम से जो विनियोजित करता है, वह केवल एक नंगे अस्तित्व को लम्बा करने और पुनः उत्पन्न करने के लिए पर्याप्त है

We by no means intend to abolish this personal appropriation of the products of labour

हम किसी भी तरह से श्रम के उत्पादों के इस व्यक्तिगत विनियोग को समाप्त करने का इरादा नहीं रखते हैं

an appropriation that is made for the maintenance and reproduction of human life

एक विनियोग जो मानव जीवन के रखरखाव और प्रजनन के लिए किया जाता है

such personal appropriation of the products of labour leave no surplus wherewith to command the labour of others

श्रम के उत्पादों का ऐसा व्यक्तिगत विनियोग दूसरों के श्रम को नियंत्रित करने के लिए कोई अधिशेष नहीं छोड़ता है

All that we want to do away with, is the miserable character of this appropriation

हम केवल इस विनियोग के दयनीय चरित्र को दूर करना चाहते हैं

the appropriation under which the labourer lives merely to increase capital

ऐसा विनियोग जिसके अन्तर्गत मजदूर केवल पूंजी बढ़ाने के लिए जीवन यापन करता हो

he is allowed to live only in so far as the interest of the ruling class requires it

उसे केवल वहां तक रहने की अनुमति है जहां तक शासक वर्ग के हित की आवश्यकता होती है

In Bourgeoisie society, living labour is but a means to increase accumulated labour

बुर्जुआ समाज में, जीवित श्रम संचित श्रम को बढ़ाने का एक साधन है

In Communist society, accumulated labour is but a means to widen, to enrich, to promote the existence of the labourer

साम्यवादी समाज में संचित श्रम मजदूर के अस्तित्व को बढ़ावा देने, समृद्ध करने और बढ़ाने का एक साधन मात्र है

In Bourgeoisie society, therefore, the past dominates the present

बुर्जुआ समाज में, इसलिए, अतीत वर्तमान पर हावी है

in Communist society the present dominates the past

कम्युनिस्ट समाज में वर्तमान अतीत पर हावी है

In Bourgeoisie society capital is independent and has individuality

बुर्जुआ समाज में पूंजी स्वतंत्र है और वैयक्तिकता है

In Bourgeoisie society the living person is dependent and has no individuality

बुर्जुआ समाज में जीवित व्यक्ति निर्भर है और उसका कोई व्यक्तित्व नहीं है

And the abolition of this state of things is called by the Bourgeoisie, abolition of individuality and freedom!

और चीजों की इस स्थिति के उन्मूलन को पूंजीपति वर्ग द्वारा कहा जाता है, व्यक्तित्व और स्वतंत्रता का उन्मूलन!

And it is rightly called the abolition of individuality and freedom!

और इसे सही मायने में व्यक्तित्व और स्वतंत्रता का उन्मूलन कहा जाता है!

Communism aims for the abolition of Bourgeoisie individuality

साम्यवाद का उद्देश्य बुर्जुआ व्यक्तित्व का उन्मूलन है

Communism intends for the abolition of Bourgeoisie independence

साम्यवाद बुर्जुआ स्वतंत्रता के उन्मूलन के लिए इरादा रखता है

Bourgeoisie freedom is undoubtedly what communism is aiming at

बुर्जुआ स्वतंत्रता निस्संदेह साम्यवाद का लक्ष्य है

under the present Bourgeoisie conditions of production, freedom means free trade, free selling and buying

उत्पादन की वर्तमान बुर्जुआ परिस्थितियों के तहत, स्वतंत्रता का अर्थ है मुक्त व्यापार, मुक्त बिक्री और खरीद

But if selling and buying disappears, free selling and buying also disappears

लेकिन अगर बेचना और खरीदना गायब हो जाता है, तो मुफ्त बिक्री और खरीद भी गायब हो जाती है

"brave words" by the Bourgeoisie about free selling and buying only have meaning in a limited sense

पूंजीपति वर्ग द्वारा मुफ्त बिक्री और खरीद के बारे में "बहादुर शब्द" केवल सीमित अर्थों में अर्थ रखते हैं

these words have meaning only in contrast with restricted selling and buying

इन शब्दों का अर्थ केवल प्रतिबंधित बिक्री और खरीद के विपरीत है

and these words have meaning only when applied to the fettered traders of the Middle Ages

और इन शब्दों का अर्थ केवल तभी होता है जब मध्य युग के बंधे हुए व्यापारियों पर लागू किया जाता है

and that assumes these words even have meaning in a Bourgeoisie sense

और यह मानता है कि इन शब्दों का बुर्जुआ अर्थ में भी अर्थ है

but these words have no meaning when they're being used to oppose the Communistic abolition of buying and selling

लेकिन इन शब्दों का कोई अर्थ नहीं है जब उनका उपयोग खरीदने और बेचने के साम्यवादी उन्मूलन का विरोध करने के लिए किया जा रहा है

the words have no meaning when they're being used to oppose the Bourgeoisie conditions of production being abolished

इन शब्दों का कोई अर्थ नहीं है जब उनका उपयोग उत्पादन की बुर्जुआ शर्तों को समाप्त करने का विरोध करने के लिए किया जा रहा है

and they have no meaning when they're being used to oppose the Bourgeoisie itself being abolished

और उनका कोई मतलब नहीं है जब उनका इस्तेमाल पूंजीपति वर्ग को समाप्त करने का विरोध करने के लिए किया जा रहा है

You are horrified at our intending to do away with private property

आप निजी संपत्ति को खत्म करने के हमारे इरादे से भयभीत हैं

But in your existing society, private property is already done away with for nine-tenths of the population

लेकिन आपके मौजूदा समाज में, निजी संपत्ति पहले से ही आबादी के नौ-दसवें हिस्से के लिए दूर हो गई है

the existence of private property for the few is solely due to its non-existence in the hands of nine-tenths of the population

कुछ के लिए निजी संपत्ति का अस्तित्व पूरी तरह से आबादी के नौ-दसवें हिस्से के हाथों में इसकी गैर-मौजूदगी के कारण है

You reproach us, therefore, with intending to do away with a form of property

इसलिए, आप हमें संपत्ति के एक रूप को समाप्त करने के इरादे से फटकार लगाते हैं

but private property necessitates the non-existence of any property for the immense majority of society

लेकिन निजी संपत्ति के लिए समाज के विशाल बहुमत के लिए किसी भी संपत्ति के गैर-अस्तित्व की आवश्यकता होती है

In one word, you reproach us with intending to do away with your property

एक शब्द में, आप अपनी संपत्ति को दूर करने के इरादे से हमें फटकार लगाते हैं

And it is precisely so; doing away with your Property is just what we intend

और ठीक ऐसा ही है; अपनी संपत्ति को दूर करना वही है जो हम चाहते हैं

From the moment when labour can no longer be converted into capital, money, or rent

उस क्षण से जब श्रम को अब पूंजी, धन या किराए में परिवर्तित नहीं किया जा सकता है

when labour can no longer be converted into a social power capable of being monopolised

जब श्रम को अब एकाधिकार करने में सक्षम सामाजिक शक्ति में परिवर्तित नहीं किया जा सकता है

from the moment when individual property can no longer be transformed into Bourgeoisie property

उस क्षण से जब व्यक्तिगत संपत्ति को अब बुर्जुआ संपत्ति में परिवर्तित नहीं किया जा सकता है

from the moment when individual property can no longer be transformed into capital

उस क्षण से जब व्यक्तिगत संपत्ति को अब पूंजी में परिवर्तित नहीं किया जा सकता है

from that moment, you say individuality vanishes

उस क्षण से, आप कहते हैं कि व्यक्तित्व गायब हो जाता है

You must, therefore, confess that by "individual" you mean no other person than the Bourgeoisie

इसलिए, आपको स्वीकार करना चाहिए कि "व्यक्ति" से आपका मतलब पूंजीपति वर्ग के अलावा किसी अन्य व्यक्ति से नहीं है

you must confess it specifically refers to the middle-class owner of property

आपको स्वीकार करना चाहिए कि यह विशेष रूप से संपत्ति के मध्यम वर्ग के मालिक को संदर्भित करता है

This person must, indeed, be swept out of the way, and made impossible

इस व्यक्ति को, वास्तव में, रास्ते से हटा दिया जाना चाहिए, और असंभव बना दिया जाना चाहिए

Communism deprives no man of the power to appropriate the products of society

साम्यवाद किसी भी व्यक्ति को समाज के उत्पादों को विनियोजित करने की शक्ति से वंचित नहीं करता है

all that Communism does is to deprive him of the power to subjugate the labour of others by means of such appropriation

साम्यवाद जो कुछ भी करता है वह उसे इस तरह के विनियोग के माध्यम से दूसरों के श्रम को अधीन करने की शक्ति से वंचित करता है

It has been objected that upon the abolition of private property all work will cease

यह आपत्ति की गई है कि निजी संपत्ति के उन्मूलन पर सभी काम बंद हो जाएंगे

and it is then suggested that universal laziness will overtake us

और फिर यह सुझाव दिया जाता है कि सार्वभौमिक आलस्य हम पर हावी हो जाएगा

According to this, Bourgeoisie society ought long ago to have gone to the dogs through sheer idleness

इसके अनुसार, बुर्जुआ समाज को बहुत पहले ही आलस्य के माध्यम से कुत्तों के पास जाना चाहिए था

because those of its members who work, acquire nothing

क्योंकि इसके सदस्यों में से जो काम करते हैं, उन्हें कुछ भी हासिल नहीं होता है

and those of its members who acquire anything, do not work

और इसके सदस्यों में से जो कुछ भी हासिल करते हैं, वे काम नहीं करते हैं

The whole of this objection is but another expression of the tautology

यह पूरी आपत्ति टॉटोलॉजी की एक और अभिव्यक्ति है

there can no longer be any wage-labour when there is no longer any capital

जब तक कोई पूंजी नहीं है तब तक कोई मजदूरी-श्रम नहीं हो सकता

there is no difference between material products and mental products

भौतिक उत्पादों और मानसिक उत्पादों के बीच कोई अंतर नहीं है

communism proposes both of these are produced in the same way

साम्यवाद का प्रस्ताव है कि ये दोनों एक ही तरह से निर्मित होते हैं

but the objections against the Communistic modes of producing these are the same

लेकिन इनके उत्पादन के साम्यवादी तरीकों के खिलाफ आपत्तियां समान हैं

to the Bourgeoisie the disappearance of class property is the disappearance of production itself

पूंजीपति वर्ग के लिए वर्ग संपत्ति का गायब होना उत्पादन का ही गायब होना है

so the disappearance of class culture is to him identical with the disappearance of all culture

इसलिए वर्ग संस्कृति का गायब होना उसके लिए सभी संस्कृति के गायब होने के समान है

That culture, the loss of which he laments, is for the enormous majority a mere training to act as a machine

वह संस्कृति, जिसके नुकसान का वह अफसोस करता है, विशाल बहुमत के लिए एक मशीन के रूप में कार्य करने के लिए एक मात्र प्रशिक्षण है

Communists very much intend to abolish the culture of Bourgeoisie property

कम्युनिस्ट बुर्जुआ संपत्ति की संस्कृति को खत्म करने का इरादा रखते हैं

But don't wrangle with us so long as you apply the standard of your Bourgeoisie notions of freedom, culture, law, etc

लेकिन जब तक आप स्वतंत्रता, संस्कृति, कानून आदि के अपने बुर्जुआ विचारों के मानक को लागू नहीं करते हैं, तब तक हमारे साथ झगड़ा न करें

Your very ideas are but the outgrowth of the conditions of your Bourgeoisie production and Bourgeoisie property

आपके विचार ही आपके बुर्जुआ उत्पादन और बुर्जुआ संपत्ति की स्थितियों का परिणाम हैं

just as your jurisprudence is but the will of your class made into a law for all

जैसा कि आपका न्यायशास्त्र है, लेकिन आपके वर्ग की इच्छा को सभी के लिए एक कानून बनाया गया है

the essential character and direction of this will are determined by the economical conditions your social class create

इस वसीयत का आवश्यक चरित्र और दिशा आपके सामाजिक वर्ग द्वारा बनाई गई आर्थिक स्थितियों से निर्धारित होती है

The selfish misconception that induces you to transform social forms into eternal laws of nature and of reason

स्वार्थी गलत धारणा जो आपको सामाजिक रूपों को प्रकृति और तर्क के शाश्वत नियमों में बदलने के लिए प्रेरित करती है

the social forms springing from your present mode of production and form of property

आपके उत्पादन के वर्तमान तरीके और संपत्ति के रूप से उत्पन्न सामाजिक रूप

historical relations that rise and disappear in the progress of production

ऐतिहासिक संबंध जो उत्पादन की प्रगति में उठते और गायब होते हैं

this misconception you share with every ruling class that has preceded you

यह गलत धारणा आप हर शासक वर्ग के साथ साझा करते हैं जो आपसे पहले आई है

What you see clearly in the case of ancient property, what you admit in the case of feudal property

प्राचीन संपत्ति के मामले में आप जो स्पष्ट रूप से देखते हैं, सामंती संपत्ति के मामले में आप क्या स्वीकार करते हैं

these things you are of course forbidden to admit in the case of your own Bourgeoisie form of property

इन चीजों को आप निश्चित रूप से संपत्ति के अपने पूंजीपति वर्ग के रूप में स्वीकार करने से मना करते हैं

Abolition of the family! Even the most radical flare up at this infamous proposal of the Communists

परिवार का उन्मूलन! यहां तक कि कम्युनिस्टों के इस कुख्यात प्रस्ताव पर सबसे कट्टरपंथी भड़क गए

On what foundation is the present family, the Bourgeoisie family, based?

वर्तमान परिवार, बुर्जुआ परिवार, किस आधार पर आधारित है?

the foundation of the present family is based on capital and private gain

वर्तमान परिवार की नींव पूंजी और निजी लाभ पर आधारित है

In its completely developed form this family exists only among the Bourgeoisie

अपने पूर्ण विकसित रूप में यह परिवार केवल बुर्जुआ वर्ग के बीच ही मौजूद है

this state of things finds its complement in the practical absence of the family among the proletarians

सर्वहारा वर्ग के बीच परिवार की व्यावहारिक अनुपस्थिति में चीजों की यह स्थिति अपना पूरक पाती है

this state of things can be found in public prostitution

चीजों की यह स्थिति सार्वजनिक वेश्यावृत्ति में पाई जा सकती है

The Bourgeoisie family will vanish as a matter of course when its complement vanishes

पूंजीपति परिवार निश्चित रूप से गायब हो जाएगा जब इसका पूरक गायब हो जाएगा

and both of these will will vanish with the vanishing of capital

और ये दोनों पूंजी के लुप्त होने के साथ गायब हो जाएंगे

Do you charge us with wanting to stop the exploitation of children by their parents?

क्या आप हम पर आरोप लगाते हैं कि हम अपने माता-पिता द्वारा बच्चों के शोषण को रोकना चाहते हैं?

To this crime we plead guilty

इस अपराध के लिए हम दोषी मानते हैं

But, you will say, we destroy the most hallowed of relations, when we replace home education by social education

लेकिन, आप कहेंगे कि जब हम गृह शिक्षा को सामाजिक शिक्षा से प्रतिस्थापित करते हैं तो हम सबसे पवित्र संबंधों को नष्ट कर देते हैं

is your education not also social? And is it not determined by the social conditions under which you educate?

क्या आपकी शिक्षा भी सामाजिक नहीं है? और क्या यह उन सामाजिक परिस्थितियों से निर्धारित नहीं होता है जिनके तहत आप शिक्षित होते हैं?

by the intervention, direct or indirect, of society, by means of schools, etc.

हस्तक्षेप, प्रत्यक्ष या अप्रत्यक्ष रूप से, समाज के, स्कूलों के माध्यम से, आदि।

The Communists have not invented the intervention of society in education

कम्युनिस्टों ने शिक्षा में समाज के हस्तक्षेप का आविष्कार नहीं किया है

they do but seek to alter the character of that intervention

वे करते हैं लेकिन उस हस्तक्षेप के चरित्र को बदलना चाहते हैं

and they seek to rescue education from the influence of the ruling class

और वे शासक वर्ग के प्रभाव से शिक्षा को बचाना चाहते हैं

The Bourgeoisie talk of the hallowed co-relation of parent and child

पूंजीपति माता-पिता और बच्चे के पवित्र सह-संबंध की बात करते हैं

but this clap-trap about the family and education becomes all the more disgusting when we look at Modern Industry

लेकिन परिवार और शिक्षा के बारे में यह ताली-जाल तब और अधिक घृणित हो जाता है जब हम आधुनिक उद्योग को देखते हैं

all family ties among the proletarians are torn asunder by modern industry

सर्वहारा वर्ग के बीच सभी पारिवारिक संबंध आधुनिक उद्योग द्वारा तोड़ दिए गए हैं

their children are transformed into simple articles of commerce and instruments of labour

उनके बच्चे वाणिज्य के सरल लेखों और श्रम के उपकरणों में बदल जाते हैं

But you Communists would create a community of women, screams the whole Bourgeoisie in chorus

लेकिन आप कम्युनिस्ट महिलाओं का एक समुदाय बनाएंगे, कोरस में पूरे पूंजीपति वर्ग को चिल्लाते हैं

The Bourgeoisie sees in his wife a mere instrument of production

पूंजीपति वर्ग अपनी पत्नी में उत्पादन का एक साधन मात्र देखता है

He hears that the instruments of production are to be exploited by all

वह सुनता है कि उत्पादन के साधनों का सभी द्वारा शोषण किया जाना है

and, naturally, he can come to no other conclusion than that the lot of being common to all will likewise fall to women

और, स्वाभाविक रूप से, वह इसके अलावा किसी अन्य निष्कर्ष पर नहीं आ सकता है कि सभी के लिए सामान्य होने का बहुत कुछ महिलाओं के लिए भी गिर जाएगा

He has not even a suspicion that the real point is to do away with the status of women as mere instruments of production

उन्हें इस बात में जरा भी संदेह नहीं है कि असली मुद्दा महिलाओं को महज उत्पादन के साधन के रूप में दिए जाने वाले रुतबे को खत्म करना है

For the rest, nothing is more ridiculous than the virtuous indignation of our Bourgeoisie at the community of women

बाकी के लिए, महिलाओं के समुदाय पर हमारे पूंजीपति वर्ग के पुण्य आक्रोश से ज्यादा हास्यास्पद कुछ भी नहीं है

they pretend it is to be openly and officially established by the Communists

वे दिखावा करते हैं कि यह कम्युनिस्टों द्वारा खुले तौर पर और आधिकारिक तौर पर स्थापित किया जाना है

The Communists have no need to introduce community of women, it has existed almost from time immemorial

कम्युनिस्टों को महिलाओं के समुदाय को पेश करने की कोई आवश्यकता नहीं है, यह लगभग अनादि काल से अस्तित्व में है

Our Bourgeoisie are not content with having the wives and daughters of their proletarians at their disposal

हमारे पूंजीपति वर्ग अपने सर्वहारा वर्ग की पत्नियों और बेटियों को अपने निपटान में रखने से संतुष्ट नहीं हैं

they take the greatest pleasure in seducing each other's wives

वे एक-दूसरे की पत्नियों को बहकाने में सबसे ज्यादा आनंद लेते हैं

and that is not even to speak of common prostitutes

और यह आम वेश्याओं की बात करने के लिए भी नहीं है

Bourgeoisie marriage is in reality a system of wives in common

बुर्जुआ विवाह वास्तव में आम तौर पर पत्नियों की एक प्रणाली है

then there is one thing that the Communists might possibly be reproached with

तो एक बात है कि कम्युनिस्टों को संभवतः फटकार लगाई जा सकती है

they desire to introduce an openly legalised community of women

वे महिलाओं के एक खुले तौर पर वैध समुदाय को पेश करना चाहते हैं

rather than a hypocritically concealed community of women

बल्कि महिलाओं के एक पाखंडी रूप से छिपे हुए समुदाय के बजाय

the community of women springing from the system of production

उत्पादन की व्यवस्था से उगता हुआ महिलाओं का समुदाय

abolish the system of production, and you abolish the
community of women

उत्पादन की प्रणाली को समाप्त करो, और तुम महिलाओं के
समुदाय को समाप्त कर दो

both public prostitution is abolished, and private
prostitution

सार्वजनिक वेश्यावृत्ति दोनों को समाप्त कर दिया गया है,
और निजी वेश्यावृत्ति

The Communists are further more reproached with desiring
to abolish countries and nationality

कम्युनिस्टों को देशों और राष्ट्रीयता को खत्म करने की इच्छा
के साथ और अधिक तिरस्कृत किया जाता है

The working men have no country, so we cannot take from
them what they have not got

मेहनतकश लोगों का कोई देश नहीं होता, इसलिए हम उनसे
वह नहीं ले सकते जो उन्हें नहीं मिला है

the proletariat must first of all acquire political supremacy

सर्वहारा वर्ग को सबसे पहले राजनीतिक वर्चस्व हासिल करना
होगा

the proletariat must rise to be the leading class of the nation

सर्वहारा वर्ग को राष्ट्र का अग्रणी वर्ग बनना होगा

the proletariat must constitute itself the nation

सर्वहारा वर्ग को स्वयं को राष्ट्र बनाना होगा

it is, so far, itself national, though not in the Bourgeoisie
sense of the word

यह अब तक, खुद राष्ट्रीय है, हालांकि शब्द के पूंजीपति अर्थ
में नहीं है

National differences and antagonisms between peoples are
daily more and more vanishing

लोगों के बीच राष्ट्रीय मतभेद और विरोध दिन-प्रतिदिन अधिक से अधिक गायब हो रहे हैं

owing to the development of the Bourgeoisie, to freedom of commerce, to the world-market

पूंजीपति वर्ग के विकास के कारण, वाणिज्य की स्वतंत्रता के लिए, विश्व-बाजार के लिए

to uniformity in the mode of production and in the conditions of life corresponding thereto

उत्पादन के तरीके में और उसके अनुरूप जीवन की स्थितियों में एकरूपता के लिए

The supremacy of the proletariat will cause them to vanish still faster

सर्वहारा वर्ग की सर्वोच्चता उन्हें और भी तेजी से गायब कर देगी

United action, of the leading civilised countries at least, is one of the first conditions for the emancipation of the proletariat

कम से कम अग्रणी सभ्य देशों की एकजुट कार्रवाई, सर्वहारा वर्ग की मुक्ति के लिए पहली शर्तों में से एक है

In proportion as the exploitation of one individual by another is put an end to, the exploitation of one nation by another will also be put an end to

जिस अनुपात में एक व्यक्ति द्वारा दूसरे व्यक्ति के शोषण को समाप्त किया जाता है, उसी अनुपात में एक राष्ट्र द्वारा दूसरे राष्ट्र के शोषण को भी समाप्त कर दिया जाएगा

In proportion as the antagonism between classes within the nation vanishes, the hostility of one nation to another will come to an end

जिस अनुपात में राष्ट्र के भीतर वर्गों के बीच शत्रुता गायब हो जाएगी, उसी अनुपात में एक राष्ट्र की दूसरे राष्ट्र के प्रति शत्रुता समाप्त हो जाएगी

The charges against Communism made from a religious, a philosophical, and, generally, from an ideological standpoint, are not deserving of serious examination

साम्यवाद के खिलाफ धार्मिक, दार्शनिक और आम तौर पर वैचारिक दृष्टिकोण से लगाए गए आरोप गंभीर परीक्षा के योग्य नहीं हैं

Does it require deep intuition to comprehend that man's ideas, views and conceptions changes with every change in the conditions of his material existence?

क्या यह समझने के लिए गहन अंतर्ज्ञान की आवश्यकता है कि मनुष्य के विचार, दृष्टिकोण और धारणाएँ उसके भौतिक अस्तित्व की स्थितियों में हर बदलाव के साथ बदलती हैं?

is it not obvious that man's consciousness changes when his social relations and his social life changes?

क्या यह स्पष्ट नहीं है कि मनुष्य की चेतना तब बदलती है जब उसके सामाजिक संबंध और उसका सामाजिक जीवन बदलता है?

What else does the history of ideas prove, than that intellectual production changes its character in proportion as material production is changed?

विचारों का इतिहास इससे अधिक और क्या साबित करता है कि बौद्धिक उत्पादन अपने चरित्र को उसी अनुपात में बदलता है जिस अनुपात में भौतिक उत्पादन बदलता है?

The ruling ideas of each age have ever been the ideas of its ruling class

प्रत्येक युग के शासक विचार हमेशा से उसके शासक वर्ग के विचार रहे हैं

When people speak of ideas that revolutionise society, they do but express one fact

जब लोग समाज में क्रांति लाने वाले विचारों की बात करते हैं, तो वे केवल एक तथ्य व्यक्त करते हैं

within the old society, the elements of a new one have been created

पुराने समाज के भीतर, एक नए के तत्व बनाए गए हैं

and that the dissolution of the old ideas keeps even pace with the dissolution of the old conditions of existence

और यह कि पुराने विचारों का विघटन अस्तित्व की पुरानी स्थितियों के विघटन के साथ तालमेल बिठाता है

When the ancient world was in its last throes, the ancient religions were overcome by Christianity

जब प्राचीन दुनिया अपने अंतिम चरण में थी, तो प्राचीन धर्मों को ईसाई धर्म ने दूर कर दिया था

When Christian ideas succumbed in the 18th century to rationalist ideas, feudal society fought its death battle with the then revolutionary Bourgeoisie

जब 18 वीं शताब्दी में ईसाई विचारों ने तर्कवादी विचारों के आगे घुटने टेक दिए, तो सामंती समाज ने तत्कालीन क्रांतिकारी पूंजीपति वर्ग के साथ अपनी मौत की लड़ाई लड़ी

The ideas of religious liberty and freedom of conscience merely gave expression to the sway of free competition within the domain of knowledge

धार्मिक स्वतंत्रता और अंतरात्मा की स्वतंत्रता के विचारों ने केवल ज्ञान के क्षेत्र में मुक्त प्रतिस्पर्धा के बोलबाला को अभिव्यक्ति दी

"Undoubtedly," it will be said, "religious, moral, philosophical and juridical ideas have been modified in the course of historical development"

"निस्संदेह," यह कहा जाएगा, "ऐतिहासिक विकास के दौरान धार्मिक, नैतिक, दार्शनिक और न्यायिक विचारों को संशोधित किया गया है"

"But religion, morality philosophy, political science, and law, constantly survived this change"

"लेकिन धर्म, नैतिकता, दर्शन, राजनीति विज्ञान और कानून, लगातार इस परिवर्तन से बचे रहे"

"There are also eternal truths, such as Freedom, Justice, etc"

"शाश्वत सत्य भी हैं, जैसे स्वतंत्रता, न्याय, आदि"

"these eternal truths are common to all states of society"

"ये शाश्वत सत्य समाज के सभी राज्यों के लिए आम हैं"

"But Communism abolishes eternal truths, it abolishes all religion, and all morality"

लेकिन साम्यवाद शाश्वत सत्यों को समाप्त करता है, यह सभी धर्मों और सभी नैतिकता को समाप्त करता है।

"it does this instead of constituting them on a new basis"

"यह उन्हें एक नए आधार पर गठित करने के बजाय ऐसा करता है"

"it therefore acts in contradiction to all past historical experience"

"इसलिए यह पिछले सभी ऐतिहासिक अनुभवों के विपरीत कार्य करता है"

What does this accusation reduce itself to?

यह आरोप खुद को क्या कम करता है?

The history of all past society has consisted in the development of class antagonisms

सभी पिछले समाज का इतिहास वर्ग विरोधों के विकास में शामिल है

antagonisms that assumed different forms at different epochs

अलग-अलग युगों में अलग-अलग रूप धारण करने वाले विरोध

But whatever form they may have taken, one fact is common to all past ages

लेकिन उन्होंने जो भी रूप लिया हो, एक तथ्य सभी पिछले युगों के लिए सामान्य है

the exploitation of one part of society by the other

समाज के एक हिस्से का दूसरे हिस्से द्वारा शोषण

No wonder, then, that the social consciousness of past ages moves within certain common forms, or general ideas

कोई आश्चर्य नहीं, फिर, कि पिछले युगों की सामाजिक चेतना कुछ सामान्य रूपों, या सामान्य विचारों के भीतर चलती है

(and that is despite all the multiplicity and variety it displays)

(और यह सभी बहुलता और विविधता के बावजूद प्रदर्शित होता है)

and these cannot completely vanish except with the total disappearance of class antagonisms

और ये वर्ग विरोधों के पूरी तरह से गायब होने के बिना पूरी तरह से गायब नहीं हो सकते हैं

The Communist revolution is the most radical rupture with traditional property relations

कम्युनिस्ट क्रांति पारंपरिक संपत्ति संबंधों के साथ सबसे कट्टरपंथी टूटना है

no wonder that its development involves the most radical rupture with traditional ideas

कोई आश्चर्य नहीं कि इसके विकास में पारंपरिक विचारों के साथ सबसे कट्टरपंथी टूटना शामिल है

But let us have done with the Bourgeoisie objections to Communism

लेकिन हमें साम्यवाद के लिए पूंजीपति आपत्तियों के साथ किया है

We have seen above the first step in the revolution by the working class

हमने मज़दूर वर्ग द्वारा क्रांति के पहले कदम को ऊपर देखा है

proletariat has to be raised to the position of ruling, to win the battle of democracy

सर्वहारा वर्ग को शासन करने की स्थिति में लाना होगा, लोकतंत्र की लड़ाई जीतनी होगी

The proletariat will use its political supremacy to wrest, by degrees, all capital from the Bourgeoisie

सर्वहारा वर्ग अपने राजनीतिक वर्चस्व का उपयोग पूंजीपति वर्ग से सारी पूंजी छीनने के लिए करेगा

it will centralise all instruments of production in the hands of the State

यह उत्पादन के सभी साधनों को राज्य के हाथों में केंद्रीकृत करेगा

in other words, the proletariat organised as the ruling class

दूसरे शब्दों में, सर्वहारा शासक वर्ग के रूप में संगठित

and it will increase the total of productive forces as rapidly as possible

और यह जितनी जल्दी हो सके उत्पादक शक्तियों की कुल वृद्धि करेगा

Of course, in the beginning, this cannot be effected except by means of despotic inroads on the rights of property

बेशक, शुरुआत में, यह संपत्ति के अधिकारों पर निरंकुश अतिक्रमण के माध्यम से छोड़कर प्रभावित नहीं किया जा सकता है

and it has to be achieved on the conditions of Bourgeoisie production

और इसे बुर्जुआ उत्पादन की शर्तों पर हासिल करना होगा

it is achieved by means of measures, therefore, which appear economically insufficient and untenable

यह उपायों के माध्यम से प्राप्त किया जाता है, इसलिए, जो आर्थिक रूप से अपर्याप्त और अस्थिर दिखाई देते हैं

but these means, in the course of the movement, outstrip themselves

लेकिन इसका मतलब है, आंदोलन के दौरान, खुद को पीछे छोड़ दें

they necessitate further inroads upon the old social order

उन्हें पुरानी सामाजिक व्यवस्था पर और अधिक अतिक्रमण करने की आवश्यकता है

and they are unavoidable as a means of entirely revolutionising the mode of production

और वे उत्पादन के तरीके में पूरी तरह से क्रांति लाने के साधन के रूप में अपरिहार्य हैं

These measures will of course be different in different countries

ये उपाय निश्चित रूप से अलग-अलग देशों में अलग-अलग होंगे

Nevertheless in the most advanced countries, the following will be pretty generally applicable

फिर भी सबसे उन्नत देशों में, निम्नलिखित आम तौर पर लागू होंगे

1. Abolition of property in land and application of all rents of land to public purposes.

1. भूमि में संपत्ति का उन्मूलन और सार्वजनिक उद्देश्यों के लिए भूमि के सभी किराए का उपयोग।

2. A heavy progressive or graduated income tax.

2. एक भारी प्रगतिशील या स्नातक आयकर।

3. Abolition of all right of inheritance.

3. विरासत के सभी अधिकारों का उन्मूलन।

4. Confiscation of the property of all emigrants and rebels.

4. सभी प्रवासियों और विद्रोहियों की संपत्ति की जब्ती।

5. Centralisation of credit in the hands of the State, by means of a national bank with State capital and an exclusive monopoly.

5. राज्य के हाथों में ऋण का केंद्रीकरण, राज्य पूंजी के साथ एक राष्ट्रीय बैंक और एक अनन्य एकाधिकार के माध्यम से।

6. Centralisation of the means of communication and transport in the hands of the State.

6. संचार और परिवहन के साधनों का राज्य के हाथों में केन्द्रीयकरण।

7. Extension of factories and instruments of production owned by the State

7. राज्य के स्वामित्व वाले कारखानों और उत्पादन के उपकरणों का विस्तार

the bringing into cultivation of waste-lands, and the improvement of the soil generally in accordance with a common plan.

बंजर भूमि की खेती में लाना, और आम तौर पर एक सामान्य योजना के अनुसार मिट्टी का सुधार।

8. Equal liability of all to labour

8. श्रम के प्रति सभी का समान दायित्व

Establishment of industrial armies, especially for agriculture.

विशेष रूप से कृषि के लिए औद्योगिक सेनाओं की स्थापना।

9. Combination of agriculture with manufacturing industries

9. विनिर्माण उद्योगों के साथ कृषि का संयोजन

gradual abolition of the distinction between town and country, by a more equable distribution of the population over the country.

देश भर में जनसंख्या के अधिक समान वितरण द्वारा शहर और देश के बीच अंतर का क्रमिक उन्मूलन।

10. Free education for all children in public schools.

10. पब्लिक स्कूलों में सभी बच्चों के लिए मुफ्त शिक्षा।

Abolition of children's factory labour in its present form

अपने वर्तमान स्वरूप में बच्चों के कारखाने के श्रम का उन्मूलन

Combination of education with industrial production
औद्योगिक उत्पादन के साथ शिक्षा का संयोजन

When, in the course of development, class distinctions have disappeared
जबकि, विकास के क्रम में, वर्ग भेद गायब हो गए हैं

and when all production has been concentrated in the hands of a vast association of the whole nation
और जब सारा उत्पादन पूरे देश के विशाल संघ के हाथों में केंद्रित हो गया है

then the public power will lose its political character
तब सार्वजनिक शक्ति अपना राजनीतिक चरित्र खो देगी

Political power, properly so called, is merely the organised power of one class for oppressing another
राजनीतिक शक्ति, ठीक से तथाकथित, केवल एक वर्ग की दूसरे पर अत्याचार करने के लिए संगठित शक्ति है

If the proletariat during its contest with the Bourgeoisie is compelled, by the force of circumstances, to organise itself as a class
यदि सर्वहारा वर्ग बुर्जुआ वर्ग के साथ अपनी प्रतिस्पर्धा के दौरान, परिस्थितियों के बल पर, खुद को एक वर्ग के रूप में संगठित करने के लिए मजबूर हो जाता है

if, by means of a revolution, it makes itself the ruling class
यदि, एक क्रांति के माध्यम से, यह खुद को शासक वर्ग बनाता है

and, as such, it sweeps away by force the old conditions of production
और, इस तरह, यह उत्पादन की पुरानी स्थितियों को बलपूर्वक दूर कर देता है

then it will, along with these conditions, have swept away the conditions for the existence of class antagonisms and of classes generally

तब यह इन स्थितियों के साथ-साथ वर्ग विरोधों और आम तौर पर वर्गों के अस्तित्व की शर्तों को मिटा देगा

and will thereby have abolished its own supremacy as a class.

और इस तरह एक वर्ग के रूप में अपने स्वयं के वर्चस्व को समाप्त कर दिया होगा।

In place of the old Bourgeoisie society, with its classes and class antagonisms, we shall have an association

पुराने बुर्जुआ समाज के स्थान पर, अपने वर्गों और वर्ग विरोधों के साथ, हमारा एक संघ होगा

an association in which the free development of each is the condition for the free development of all

एक संघ जिसमें प्रत्येक का मुक्त विकास सभी के मुक्त विकास की शर्त है

1) Reactionary Socialism

1) प्रतिक्रियावादी समाजवाद

a) Feudal Socialism

a) सामंती समाजवाद

the aristocracies of France and England had a unique historical position

फ्रांस और इंग्लैंड के अभिजात वर्ग की एक अद्वितीय ऐतिहासिक स्थिति थी

it became their vocation to write pamphlets against modern Bourgeoisie society

आधुनिक बुर्जुआ समाज के खिलाफ पर्चे लिखना उनका पेशा बन गया

In the French revolution of July 1830, and in the English reform agitation

जुलाई 1830 की फ्रांसीसी क्रांति में, और अंग्रेजी सुधार आंदोलन में

these aristocracies again succumbed to the hateful upstart

इन अभिजात वर्ग ने फिर से घृणित अपस्टार्ट के आगे घुटने टेक दिए

Thenceforth, a serious political contest was altogether out of the question

इसके बाद, एक गंभीर राजनीतिक प्रतियोगिता पूरी तरह से सवाल से बाहर थी

All that remained possible was literary battle, not an actual battle

जो कुछ भी संभव था वह साहित्यिक लड़ाई थी, वास्तविक लड़ाई नहीं

But even in the domain of literature the old cries of the restoration period had become impossible

लेकिन साहित्य के क्षेत्र में भी बहाली के दौर की पुरानी चीखें असंभव हो गई थीं

In order to arouse sympathy, the aristocracy were obliged to lose sight, apparently, of their own interests

सहानुभूति जगाने के लिए, अभिजात वर्ग दृष्टि खोने के लिए बाध्य थे, जाहिरा तौर पर, अपने स्वयं के हितों के

and they were obliged to formulate their indictment against the Bourgeoisie in the interest of the exploited working class

और वे शोषित मजदूर वर्ग के हित में पूंजीपति वर्ग के खिलाफ अपने अभियोग तैयार करने के लिए बाध्य थे

Thus the aristocracy took their revenge by singing lampoons on their new master

इस प्रकार अभिजात वर्ग ने अपने नए गुरु पर लैंपून गाकर अपना बदला लिया

and they took their revenge by whispering in his ears sinister prophecies of coming catastrophe

और उन्होंने आने वाली तबाही की भयावह भविष्यवाणियों को उसके कानों में फुसफुसाते हुए अपना बदला लिया

In this way arose Feudal Socialism: half lamentation, half lampoon

इस तरह सामंती समाजवाद का उदय हुआ: आधा विलाप, आधा दीपक

it rung as half echo of the past, and projected half menace of the future

यह अतीत की आधी गूंज के रूप में बजता है, और भविष्य के आधे खतरे का अनुमान लगाता है

at times, by its bitter, witty and incisive criticism, it struck the Bourgeoisie to the very heart's core

कभी-कभी, अपनी कड़वी, मजाकिया और तीक्ष्ण आलोचना से, इसने पूंजीपति वर्ग को दिल से ही अंदर तक झकझोर दिया

but it was always ludicrous in its effect, through total incapacity to comprehend the march of modern history

लेकिन आधुनिक इतिहास के मार्च को समझने में कुल अक्षमता के माध्यम से यह हमेशा अपने प्रभाव में हास्यास्पद था

The aristocracy, in order to rally the people to them, waved the proletarian alms-bag in front for a banner

अभिजात वर्ग ने, लोगों को उनके पास लाने के लिए, सर्वहारा भिक्षा-बैग को एक बैनर के लिए सामने लहराया

But the people, so often as it joined them, saw on their hindquarters the old feudal coats of arms

लेकिन लोग, जितनी बार यह उनके साथ शामिल हो गया, उनके पीछे के हिस्सों पर हथियारों के पुराने सामंती कोट देखे

and they deserted with loud and irreverent laughter

और वे जोर से और बेअदबी से हँसते हुए चले गए

One section of the French Legitimists and "Young England" exhibited this spectacle

फ्रांसीसी वैधतावादियों और "यंग इंग्लैंड" के एक वर्ग ने इस तमाशे का प्रदर्शन किया

the feudalists pointed out that their mode of exploitation was different to that of the Bourgeoisie

सामंतवादियों ने बताया कि उनके शोषण का तरीका पूंजीपति वर्ग से अलग था

the feudalists forget that they exploited under circumstances and conditions that were quite different

सामंतवादी भूल जाते हैं कि उन्होंने उन परिस्थितियों और परिस्थितियों में शोषण किया जो काफी अलग थीं

and they didn't notice such methods of exploitation are now antiquated

और उन्होंने ध्यान नहीं दिया कि शोषण के ऐसे तरीके अब पुरातन हैं

they showed that, under their rule, the modern proletariat never existed

उन्होंने दिखाया कि, उनके शासन के तहत, आधुनिक सर्वहारा वर्ग कभी अस्तित्व में नहीं था

but they forget that the modern Bourgeoisie is the necessary offspring of their own form of society

लेकिन वे भूल जाते हैं कि आधुनिक पूंजीपति वर्ग समाज के अपने स्वयं के रूप की आवश्यक संतान है

For the rest, they hardly conceal the reactionary character of their criticism

बाकी के लिए, वे शायद ही अपनी आलोचना के प्रतिक्रियावादी चरित्र को छिपाते हैं

their chief accusation against the Bourgeoisie amounts to the following

पूंजीपति वर्ग के खिलाफ उनका मुख्य आरोप निम्नलिखित है

under the Bourgeoisie regime a social class is being developed

पूंजीपति शासन के तहत एक सामाजिक वर्ग विकसित किया जा रहा है

this social class is destined to cut up root and branch the old order of society

यह सामाजिक वर्ग समाज की पुरानी व्यवस्था को जड़ से काटने और शाखा बनाने के लिए नियत है

What they upbraid the Bourgeoisie with is not so much that it creates a proletariat

वे पूंजीपति वर्ग को जिस चीज से उखाड़ फेंकते हैं, वह इतना नहीं है कि वह सर्वहारा वर्ग का निर्माण करे

what they upbraid the Bourgeoisie with is moreso that it creates a revolutionary proletariat

वे पूंजीपति वर्ग को और अधिक परेशान करते हैं ताकि यह एक क्रांतिकारी सर्वहारा वर्ग का निर्माण करे

In political practice, therefore, they join in all coercive measures against the working class

राजनीतिक व्यवहार में, इसलिए, वे मजदूर वर्ग के खिलाफ सभी जबरदस्त उपायों में शामिल होते हैं

and in ordinary life, despite their highfalutin phrases, they stoop to pick up the golden apples dropped from the tree of industry

और आम जीवन में, अपने हाईफाल्यूटिन वाक्यांशों के बावजूद, वे उद्योग के पेड़ से गिराए गए सुनहरे सेब लेने के लिए झुक जाते हैं

and they barter truth, love, and honour for commerce in wool, beetroot-sugar, and potato spirits

और वे ऊन, चुकंदर-चीनी और आलू की आत्माओं में वाणिज्य के लिए सत्य, प्रेम और सम्मान का आदान-प्रदान करते हैं

As the parson has ever gone hand in hand with the landlord, so has Clerical Socialism with Feudal Socialism

जैसा कि पार्सन कभी जमींदार के साथ हाथ से चला गया है, इसलिए सामंती समाजवाद के साथ लिपिक समाजवाद है

Nothing is easier than to give Christian asceticism a Socialist tinge

ईसाई तपस्या को समाजवादी रंग देने से आसान कुछ भी नहीं है

Has not Christianity declaimed against private property, against marriage, against the State?

क्या ईसाई धर्म ने निजी संपत्ति के खिलाफ, विवाह के खिलाफ, राज्य के खिलाफ घोषणा नहीं की है?

Has Christianity not preached in the place of these, charity and poverty?

क्या इन के स्थान पर ईसाई धर्म का प्रचार नहीं किया गया है, दान और गरीबी?

Does Christianity not preach celibacy and mortification of the flesh, monastic life and Mother Church?

क्या ईसाई धर्म ब्रह्मचर्य और मांस के वैराग्य का उपदेश, मठवासी जीवन और मदर चर्च का प्रचार नहीं करता है?

Christian Socialism is but the holy water with which the priest consecrates the heart-burnings of the aristocrat

ईसाई समाजवाद वह पवित्र जल है जिसके साथ पुजारी अभिजात वर्ग के दिल की जलन को पवित्र करता है

b) Petty-Bourgeois Socialism
b) क्षुद्र-बुर्जुआ समाजवाद

The feudal aristocracy was not the only class that was ruined by the Bourgeoisie
सामंती अभिजात वर्ग एकमात्र ऐसा वर्ग नहीं था जिसे पूंजीपति वर्ग ने बर्बाद कर दिया था

it was not the only class whose conditions of existence pined and perished in the atmosphere of modern Bourgeoisie society
यह एकमात्र ऐसा वर्ग नहीं था जिसके अस्तित्व की परिस्थितियाँ आधुनिक बुर्जुआ समाज के वातावरण में ठिठक गईं और नष्ट हो गईं

The medieval burgesses and the small peasant proprietors were the precursors of the modern Bourgeoisie
मध्ययुगीन बर्गेस और छोटे किसान मालिक आधुनिक पूंजीपति वर्ग के अग्रदूत थे

In those countries which are but little developed, industrially and commercially, these two classes still vegetate side by side
उन देशों में जो औद्योगिक और वाणिज्यिक रूप से बहुत कम विकसित हैं, ये दोनों वर्ग अभी भी साथ-साथ वनस्पति हैं

and in the meantime the Bourgeoisie rise up next to them: industrially, commercially, and politically
और इस बीच पूंजीपति वर्ग उनके बगल में उठ खड़ा होता है: औद्योगिक, व्यावसायिक और राजनीतिक रूप से

In countries where modern civilisation has become fully developed, a new class of petty Bourgeoisie has been formed
जिन देशों में आधुनिक सभ्यता पूरी तरह विकसित हो चुकी है, वहाँ क्षुद्र बुर्जुआ वर्ग का एक नया वर्ग खड़ा हो गया है

this new social class fluctuates between proletariat and Bourgeoisie

यह नया सामाजिक वर्ग सर्वहारा वर्ग और पूंजीपति वर्ग के बीच उतार-चढ़ाव करता है

and it is ever renewing itself as a supplementary part of Bourgeoisie society

और यह हमेशा बुर्जुआ समाज के पूरक हिस्से के रूप में खुद को नवीनीकृत कर रहा है

The individual members of this class, however, are being constantly hurled down into the proletariat

लेकिन इस वर्ग के अलग-अलग सदस्यों को लगातार सर्वहारा वर्ग में धकेला जा रहा है

they are sucked up by the proletariat through the action of competition

उन्हें प्रतिस्पर्धा की कार्रवाई के माध्यम से सर्वहारा वर्ग द्वारा चूसा जाता है

as modern industry develops they even see the moment approaching when they will completely disappear as an independent section of modern society

जैसे-जैसे आधुनिक उद्योग विकसित होता है, वे उस क्षण को भी देखते हैं जब वे आधुनिक समाज के एक स्वतंत्र खंड के रूप में पूरी तरह से गायब हो जाएंगे

they will be replaced, in manufactures, agriculture and commerce, by overlookers, bailiffs and shopmen

उन्हें विनिर्माण, कृषि और वाणिज्य में, अनदेखी, बेलिफ और दुकानदारों द्वारा प्रतिस्थापित किया जाएगा

In countries like France, where the peasants constitute far more than half of the population

फ्रांस जैसे देशों में, जहां किसान आबादी के आधे से अधिक का गठन करते हैं

it was natural that there there are writers who sided with the proletariat against the Bourgeoisie

यह स्वाभाविक था कि ऐसे लेखक हैं जिन्होंने पूंजीपति वर्ग के खिलाफ सर्वहारा वर्ग का पक्ष लिया

in their criticism of the Bourgeoisie regime they used the standard of the peasant and petty Bourgeoisie

पूंजीपति शासन की अपनी आलोचना में उन्होंने किसान और क्षुद्र पूंजीपति वर्ग के मानक का इस्तेमाल किया

and from the standpoint of these intermediate classes they take up the cudgels for the working class

और इन मध्यवर्ती वर्गों के दृष्टिकोण से वे मजदूर वर्ग के लिए कुदाल लेते हैं

Thus arose petty-Bourgeoisie Socialism, of which Sismondi was the head of this school, not only in France but also in England

इस प्रकार क्षुद्र-बुर्जुआ समाजवाद का उदय हुआ, जिसमें से सिसमोंडी इस स्कूल के प्रमुख थे, न केवल फ्रांस में बल्कि इंग्लैंड में भी

This school of Socialism dissected with great acuteness the contradictions in the conditions of modern production

समाजवाद के इस स्कूल ने आधुनिक उत्पादन की स्थितियों में विरोधाभासों को बड़ी तीव्रता के साथ विच्छेदित किया

This school laid bare the hypocritical apologies of economists

इस स्कूल ने अर्थशास्त्रियों की पाखंडी माफी का पर्दाफाश किया

This school proved, incontrovertibly, the disastrous effects of machinery and division of labour

इस स्कूल ने मशीनरी और श्रम विभाजन के विनाशकारी प्रभावों को निर्विवाद रूप से साबित कर दिया

it proved the concentration of capital and land in a few hands

इसने कुछ हाथों में पूंजी और भूमि की एकाग्रता साबित कर दी

it proved how overproduction leads to Bourgeoisie crises

यह साबित हुआ कि कैसे अतिउत्पादन बुर्जुआ संकट की ओर ले जाता है

it pointed out the inevitable ruin of the petty Bourgeoisie and peasant

इसने क्षुद्र पूंजीपति वर्ग और किसान की अपरिहार्य बर्बादी की ओर इशारा किया

the misery of the proletariat, the anarchy in production, the crying inequalities in the distribution of wealth

सर्वहारा वर्ग का दुख, उत्पादन में अराजकता, धन के वितरण में रोना असमानता

it showed how the system of production leads the industrial war of extermination between nations

इसने दिखाया कि कैसे उत्पादन की प्रणाली राष्ट्रों के बीच विनाश के औद्योगिक युद्ध का नेतृत्व करती है

the dissolution of old moral bonds, of the old family relations, of the old nationalities

पुराने नैतिक बंधनों का विघटन, पुराने पारिवारिक संबंधों का, पुरानी राष्ट्रीयताओं का

In its positive aims, however, this form of Socialism aspires to achieve one of two things

अपने सकारात्मक उद्देश्यों में, हालांकि, समाजवाद का यह रूप दो चीजों में से एक को प्राप्त करने की इच्छा रखता है

either it aims to restore the old means of production and of exchange

या तो इसका उद्देश्य उत्पादन और विनिमय के पुराने साधनों को बहाल करना है

and with the old means of production it would restore the old property relations, and the old society

और उत्पादन के पुराने साधनों के साथ यह पुराने संपत्ति संबंधों और पुराने समाज को बहाल करेगा

or it aims to cramp the modern means of production and exchange into the old framework of the property relations

या इसका उद्देश्य संपत्ति संबंधों के पुराने ढांचे में उत्पादन और विनिमय के आधुनिक साधनों को कुचलना है

In either case, it is both reactionary and Utopian

किसी भी मामले में, यह प्रतिक्रियावादी और यूटोपियन दोनों है

Its last words are: corporate guilds for manufacture, patriarchal relations in agriculture

इसके अंतिम शब्द हैं: कृषि में निर्माण, पितृसत्तात्मक संबंधों के लिए कॉर्पोरेट गिल्ड

Ultimately, when stubborn historical facts had dispersed all intoxicating effects of self-deception

अंततः, जब जिद्दी ऐतिहासिक तथ्यों ने आत्म-धोखे के सभी नशीले प्रभावों को तितर-बितर कर दिया था

this form of Socialism ended in a miserable fit of pity

समाजवाद का यह रूप दया के एक दयनीय फिट में समाप्त हो गया

c) German, or "True," Socialism
ग) जर्मन, या "सच," समाजवाद

The Socialist and Communist literature of France originated under the pressure of a Bourgeoisie in power

फ्रांस के समाजवादी और कम्युनिस्ट साहित्य सत्ता में एक पूंजीपति वर्ग के दबाव में उत्पन्न हुआ

and this literature was the expression of the struggle against this power

और यह साहित्य इस शक्ति के खिलाफ संघर्ष की अभिव्यक्ति थी

it was introduced into Germany at a time when the Bourgeoisie had just begun its contest with feudal absolutism

यह जर्मनी में ऐसे समय में पेश किया गया था जब पूंजीपति वर्ग ने सामंती निरंकुशता के साथ अपनी प्रतियोगिता शुरू की थी

German philosophers, would-be philosophers, and beaux esprits, eagerly seized on this literature

जर्मन दार्शनिक, दार्शनिक और बीक्स एस्प्रिट्स, उत्सुकता से इस साहित्य पर कब्जा कर लिया

but they forgot that the writings immigrated from France into Germany without bringing the French social conditions along

लेकिन वे भूल गए कि लेखन फ्रांसीसी सामाजिक परिस्थितियों को साथ लाए बिना फ्रांस से जर्मनी में आ गया

In contact with German social conditions, this French literature lost all its immediate practical significance

जर्मन सामाजिक परिस्थितियों के संपर्क में, इस फ्रांसीसी साहित्य ने अपने सभी तात्कालिक व्यावहारिक महत्व खो दिए

and the Communist literature of France assumed a purely
literary aspect in German academic circles

और फ्रांस के कम्युनिस्ट साहित्य ने जर्मन अकादमिक हलकों
में एक विशुद्ध साहित्यिक पहलू ग्रहण किया

Thus, the demands of the first French Revolution were
nothing more than the demands of "Practical Reason"

इस प्रकार, पहली फ्रांसीसी क्रांति की मांग "व्यावहारिक कारण"
की मांगों से ज्यादा कुछ नहीं थी

and the utterance of the will of the revolutionary French
Bourgeoisie signified in their eyes the law of pure Will

और क्रांतिकारी फ्रांसीसी पूंजीपति वर्ग की इच्छा के कथन ने
उनकी आंखों में शुद्ध इच्छा के कानून का संकेत दिया

it signified Will as it was bound to be; of true human Will
generally

इसने विल को दर्शाया जैसा कि यह होना ही था; आम तौर
पर सच्ची मानव इच्छा का

The world of the German literati consisted solely in
bringing the new French ideas into harmony with their
ancient philosophical conscience

जर्मन साहित्यकारों की दुनिया पूरी तरह से नए फ्रांसीसी
विचारों को अपने प्राचीन दार्शनिक विवेक के अनुरूप लाने में
शामिल थी

or rather, they annexed the French ideas without deserting
their own philosophic point of view

या यों कहें, उन्होंने अपने स्वयं के दार्शनिक दृष्टिकोण को
छोड़े बिना फ्रांसीसी विचारों को जोड़ दिया

This annexation took place in the same way in which a
foreign language is appropriated, namely, by translation

यह अनुलग्नक उसी तरह से हुआ जिसमें एक विदेशी भाषा को
विनियोजित किया जाता है, अर्थात्, अनुवाद द्वारा

It is well known how the monks wrote silly lives of Catholic Saints over manuscripts

यह सर्वविदित है कि भिक्षुओं ने पांडुलिपियों पर कैथोलिक संतों के मूर्खतापूर्ण जीवन को कैसे लिखा

the manuscripts on which the classical works of ancient heathendom had been written

पांडुलिपियां जिन पर प्राचीन हीथेंडम के शास्त्रीय कार्य लिखे गए थे

The German literati reversed this process with the profane French literature

जर्मन साहित्यकारों ने अपवित्र फ्रांसीसी साहित्य के साथ इस प्रक्रिया को उलट दिया

They wrote their philosophical nonsense beneath the French original

उन्होंने फ्रांसीसी मूल के नीचे अपनी दार्शनिक बकवास लिखी

For instance, beneath the French criticism of the economic functions of money, they wrote "Alienation of Humanity"

उदाहरण के लिए, पैसे के आर्थिक कार्यों की फ्रांसीसी आलोचना के तहत, उन्होंने "मानवता का अलगाव" लिखा

beneath the French criticism of the Bourgeoisie State they wrote "dethronement of the Category of the General"

पूंजीपति राज्य की फ्रांसीसी आलोचना के तहत उन्होंने लिखा "जनरल की श्रेणी का गद्दी"

The introduction of these philosophical phrases at the back of the French historical criticisms they dubbed:

फ्रांसीसी ऐतिहासिक आलोचनाओं के पीछे इन दार्शनिक वाक्यांशों की शुरूआत उन्होंने डब की:

"Philosophy of Action," "True Socialism," "German Science of Socialism," "Philosophical Foundation of Socialism," and so on

"कार्रवाई का दर्शन," "सच्चा समाजवाद," "समाजवाद का जर्मन विज्ञान," "समाजवाद का दार्शनिक फाउंडेशन," और इसी तरह

The French Socialist and Communist literature was thus completely emasculated

फ्रांसीसी समाजवादी और कम्युनिस्ट साहित्य इस प्रकार पूरी तरह से नपुंसक हो गया था

in the hands of the German philosophers it ceased to express the struggle of one class with the other

जर्मन दार्शनिकों के हाथों में यह एक वर्ग के संघर्ष को दूसरे के साथ व्यक्त करना बंद कर दिया

and so the German philosophers felt conscious of having overcome "French one-sidedness"

और इसलिए जर्मन दार्शनिकों ने "फ्रांसीसी एकतरफापन" पर काबू पाने के प्रति सचेत महसूस किया

it did not have to represent true requirements, rather, it represented requirements of truth

इसे सच्ची आवश्यकताओं का प्रतिनिधित्व करने की आवश्यकता नहीं थी, बल्कि, यह सत्य की आवश्यकताओं का प्रतिनिधित्व करता था

there was no interest in the proletariat, rather, there was interest in Human Nature

सर्वहारा वर्ग में कोई रुचि नहीं थी, बल्कि, मानव स्वभाव में रुचि थी

the interest was in Man in general, who belongs to no class, and has no reality

रुचि सामान्य रूप से मनुष्य में थी, जो किसी वर्ग का नहीं है, और कोई वास्तविकता नहीं है

a man who exists only in the misty realm of philosophical fantasy

एक आदमी जो केवल दार्शनिक कल्पना के धुंधले दायरे में मौजूद है

but eventually this schoolboy German Socialism also lost its pedantic innocence

लेकिन अंततः इस स्कूली छात्र जर्मन समाजवाद ने भी अपनी पांडित्यपूर्ण मासूमियत खो दी

the German Bourgeoisie, and especially the Prussian Bourgeoisie fought against feudal aristocracy

जर्मन पूंजीपति वर्ग, और विशेष रूप से प्रशिया पूंजीपति वर्ग ने सामंती अभिजात वर्ग के खिलाफ लड़ाई लड़ी

the absolute monarchy of Germany and Prussia was also being faught against

जर्मनी और प्रशिया की पूर्ण राजशाही के खिलाफ भी लड़ाई लड़ी जा रही थी

and in turn, the literature of the liberal movement also became more earnest

और बदले में, उदारवादी आंदोलन का साहित्य भी अधिक गंभीर हो गया

Germany's long wished-for opportunity for "true" Socialism was offered

"सच्चे" समाजवाद के लिए जर्मनी के लंबे समय से वांछित अवसर की पेशकश की गई थी

the opportunity of confronting the political movement with the Socialist demands

समाजवादी मांगों के साथ राजनीतिक आंदोलन का सामना करने का अवसर

the opportunity of hurling the traditional anathemas against liberalism

उदारवाद के खिलाफ पारंपरिक अभिशाप फेंकने का अवसर

the opportunity to attack representative government and Bourgeoisie competition

प्रतिनिधि सरकार और पूंजीपति वर्ग प्रतियोगिता पर हमला करने का अवसर

Bourgeoisie freedom of the press, Bourgeoisie legislation, Bourgeoisie liberty and equality

प्रेस की बुर्जुआ स्वतंत्रता, बुर्जुआ कानून, बुर्जुआ स्वतंत्रता और समानता

all of these could now be critiqued in the real world, rather than in fantasy

इन सभी की अब कल्पना के बजाय वास्तविक दुनिया में आलोचना की जा सकती है

feudal aristocracy and absolute monarchy had long preached to the masses

सामंती अभिजात वर्ग और पूर्ण राजशाही ने लंबे समय तक जनता को प्रचार किया था

"the working man has nothing to lose, and he has everything to gain"

"काम करने वाले आदमी के पास खोने के लिए कुछ नहीं है, और उसके पास पाने के लिए सब कुछ है।

the Bourgeoisie movement also offered a chance to confront these platitudes

पूंजीपति आंदोलन ने भी इन प्लैटिट्यूड्स का सामना करने का मौका दिया

the French criticism presupposed the existence of modern Bourgeoisie society

फ्रांसीसी आलोचना ने आधुनिक बुर्जुआ समाज के अस्तित्व को पूर्ववत किया

Bourgeoisie economic conditions of existence and Bourgeoisie political constitution

अस्तित्व की बुर्जुआ आर्थिक स्थिति और बुर्जुआ राजनीतिक संविधान

the very things whose attainment was the object of the pending struggle in Germany

वही चीजें जिनकी प्राप्ति जर्मनी में लंबित संघर्ष का उद्देश्य थी

Germany's silly echo of socialism abandoned these goals just in the nick of time

जर्मनी की समाजवाद की मूर्खतापूर्ण गूंज ने इन लक्ष्यों को ठीक समय पर छोड़ दिया

the absolute governments had their following of parsons, professors, country squires and officials

निरपेक्ष सरकारों के पास पार्सन्स, प्रोफेसरों, देश के स्क्वायर और अधिकारियों का अनुसरण था

the government of the time met the German working-class risings with floggings and bullets

उस समय की सरकार ने जर्मन मजदूर वर्ग के उदय को कोड़े और गोलियों से पूरा किया

for them this socialism served as a welcome scarecrow against the threatening Bourgeoisie

उनके लिए इस समाजवाद ने धमकी देने वाले पूंजीपति वर्ग के खिलाफ एक स्वागत योग्य बिजूका के रूप में कार्य किया

and the German government was able to offer a sweet dessert after the bitter pills it handed out

और जर्मन सरकार कड़वी गोलियों के बाद एक मीठी मिठाई की पेशकश करने में सक्षम थी

this "True" Socialism thus served the governments as a weapon for fighting the German Bourgeoisie

इस "सच्चे" समाजवाद ने इस प्रकार सरकारों को जर्मन पूंजीपति वर्ग से लड़ने के लिए एक हथियार के रूप में सेवा दी

and, at the same time, it directly represented a reactionary interest; that of the German Philistines

और, एक ही समय में, यह सीधे एक प्रतिक्रियावादी हित का प्रतिनिधित्व किया; जर्मन पलिश्तियों की

In Germany the petty Bourgeoisie class is the real social basis of the existing state of things

जर्मनी में क्षुद्र बुर्जुआ वर्ग मौजूदा स्थिति का वास्तविक सामाजिक आधार है

a relique of the sixteenth century that has constantly been cropping up under various forms

सोलहवीं शताब्दी का एक अवशेष जो लगातार विभिन्न रूपों में सामने आ रहा है

To preserve this class is to preserve the existing state of things in Germany

इस वर्ग को संरक्षित करना जर्मनी में चीजों की मौजूदा स्थिति को संरक्षित करना है

The industrial and political supremacy of the Bourgeoisie threatens the petty Bourgeoisie with certain destruction

पूंजीपति वर्ग का औद्योगिक और राजनीतिक वर्चस्व क्षुद्र पूंजीपति वर्ग को कुछ विनाश की धमकी देता है

on the one hand, it threatens to destroy the petty Bourgeoisie through the concentration of capital

एक ओर, यह पूंजी की एकाग्रता के माध्यम से क्षुद्र पूंजीपति वर्ग को नष्ट करने की धमकी देता है

on the other hand, the Bourgeoisie threatens to destroy it through the rise of a revolutionary proletariat

दूसरी ओर, पूंजीपति वर्ग एक क्रांतिकारी सर्वहारा वर्ग के उदय के माध्यम से इसे नष्ट करने की धमकी देता है

"True" Socialism appeared to kill these two birds with one stone. It spread like an epidemic

"सच है" समाजवाद इन दो पक्षियों को एक पत्थर से मारता दिखाई दिया। यह एक महामारी की तरह फैल गया

The robe of speculative cobwebs, embroidered with flowers of rhetoric, steeped in the dew of sickly sentiment

सट्टा मकड़ी के जाले का बागे, बयानबाजी के फूलों के साथ कशीदाकारी, बीमार भावना की ओस में डूबा हुआ

this transcendental robe in which the German Socialists wrapped their sorry "eternal truths"

यह पारलौकिक वस्त्र जिसमें जर्मन समाजवादियों ने अपने खेदजनक "शाश्वत सत्य" को लपेट लिया

all skin and bone, served to wonderfully increase the sale of their goods amongst such a public

सभी त्वचा और हड्डी, इस तरह के एक जनता के बीच अपने माल की बिक्री में आश्चर्यजनक वृद्धि करने के लिए सेवा की

And on its part, German Socialism recognised, more and more, its own calling

और अपनी ओर से, जर्मन समाजवाद ने अधिक से अधिक, अपनी बुलाहट को मान्यता दी

it was called to be the bombastic representative of the petty-Bourgeoisie Philistine

इसे क्षुद्र-बुर्जुआ पलिश्ती का बमबारी प्रतिनिधि कहा जाता था

It proclaimed the German nation to be the model nation, and German petty Philistine the model man

इसने जर्मन राष्ट्र को आदर्श राष्ट्र घोषित किया, और जर्मन क्षुद्र पलिश्ती को आदर्श व्यक्ति घोषित किया

To every villainous meanness of this model man it gave a hidden, higher, Socialistic interpretation

इस मॉडल आदमी के हर खलनायक मतलबी को इसने एक छिपी हुई, उच्चतर, समाजवादी व्याख्या दी

this higher, Socialistic interpretation was the exact contrary of its real character

यह उच्चतर, समाजवादी व्याख्या इसके वास्तविक चरित्र के बिल्कुल विपरीत थी

It went to the extreme length of directly opposing the "brutally destructive" tendency of Communism

यह साम्यवाद की "क्रूरता से विनाशकारी" प्रवृत्ति का सीधे विरोध करने की चरम सीमा तक चला गया

and it proclaimed its supreme and impartial contempt of all class struggles

और यह सभी वर्ग संघर्ष के अपने सर्वोच्च और निष्पक्ष अवमानना की घोषणा की

With very few exceptions, all the so-called Socialist and Communist publications that now (1847) circulate in Germany belong to the domain of this foul and enervating literature

बहुत कम अपवादों के साथ, सभी तथाकथित समाजवादी और कम्युनिस्ट प्रकाशन जो अब (1847) जर्मनी में प्रसारित होते हैं, इस बेईमानी और उत्साही साहित्य के क्षेत्र से संबंधित हैं

2) Conservative Socialism, or Bourgeoisie Socialism
2) रूढ़िवादी समाजवाद, या बुर्जुआ समाजवाद

A part of the Bourgeoisie is desirous of redressing social grievances

पूंजीपति वर्ग का एक हिस्सा सामाजिक शिकायतों के निवारण का इच्छुक है

in order to secure the continued existence of Bourgeoisie society

बुर्जुआ समाज के निरंतर अस्तित्व को सुरक्षित करने के लिए

To this section belong economists, philanthropists, humanitarians

इस वर्ग में अर्थशास्त्री, परोपकारी, मानवतावादी हैं

improvers of the condition of the working class and organisers of charity

मजदूर वर्ग और दान के आयोजकों की स्थिति में सुधार

members of societies for the prevention of cruelty to animals

जानवरों के प्रति क्रूरता की रोकथाम के लिए सोसायटी के सदस्य

temperance fanatics, hole-and-corner reformers of every imaginable kind

संयम कट्टरपंथी, हर कल्पनीय प्रकार के छेद-और-कोने सुधारक

This form of Socialism has, moreover, been worked out into complete systems

समाजवाद के इस रूप को, इसके अलावा, पूर्ण प्रणालियों में काम किया गया है

We may cite Proudhon's "Philosophie de la Misère" as an example of this form

हम इस रूप के उदाहरण के रूप में प्राउडॉन के "फिलॉसफी डे ला मिसेरे" का हवाला दे सकते हैं

The Socialistic Bourgeoisie want all the advantages of modern social conditions

समाजवादी पूंजीपति वर्ग आधुनिक सामाजिक परिस्थितियों के सभी लाभ चाहते हैं

but the Socialistic Bourgeoisie don't necessarily want the resulting struggles and dangers

लेकिन समाजवादी पूंजीपति वर्ग जरूरी नहीं कि परिणामी संघर्ष और खतरे चाहते हैं

They desire the existing state of society, minus its revolutionary and disintegrating elements

वे समाज की मौजूदा स्थिति की इच्छा रखते हैं, इसके क्रांतिकारी और विघटनकारी तत्वों को छोड़कर

in other words, they wish for a Bourgeoisie without a proletariat

दूसरे शब्दों में, वे सर्वहारा वर्ग के बिना एक पूंजीपति वर्ग की कामना करते हैं

The Bourgeoisie naturally conceives the world in which it is supreme to be the best

पूंजीपति स्वाभाविक रूप से उस दुनिया की कल्पना करते हैं जिसमें सर्वश्रेष्ठ होना सर्वोच्च है

and Bourgeoisie Socialism develops this comfortable conception into various more or less complete systems

और बुर्जुआ समाजवाद इस आरामदायक अवधारणा को विभिन्न कम या ज्यादा पूर्ण प्रणालियों में विकसित करता है

they would very much like the proletariat to march straightway into the social New Jerusalem

वे सर्वहारा वर्ग को सीधे सामाजिक नए यरूशलेम में मार्च करना पसंद करेंगे

but in reality it requires the proletariat to remain within the bounds of existing society

लेकिन वास्तव में सर्वहारा वर्ग को मौजूदा समाज की सीमा के भीतर रहने की आवश्यकता है

they ask the proletariat to cast away all their hateful ideas concerning the Bourgeoisie

वे सर्वहारा वर्ग से पूंजीपति वर्ग के संबंध में अपने सभी घृणित विचारों को दूर करने के लिए कहते हैं

there is a second more practical, but less systematic, form of this Socialism

इस समाजवाद का एक और अधिक व्यावहारिक, लेकिन कम व्यवस्थित रूप है

this form of socialism sought to depreciate every revolutionary movement in the eyes of the working class

समाजवाद के इस रूप श्रमिक वर्ग की नजर में हर क्रांतिकारी आंदोलन मूल्यह्रास करने की मांग की

they argue no mere political reform could be of any advantage to them

उनका तर्क है कि केवल राजनीतिक सुधार से उन्हें कोई फायदा नहीं हो सकता

only a change in the material conditions of existence in economic relations are of benefit

आर्थिक संबंधों में अस्तित्व की भौतिक स्थितियों में बदलाव ही लाभ का है

like communism, this form of socialism advocates for a change in the material conditions of existence

साम्यवाद की तरह, समाजवाद का यह रूप अस्तित्व की भौतिक स्थितियों में बदलाव की वकालत करता है

however, this form of socialism by no means suggests the abolition of the Bourgeoisie relations of production

हालांकि, समाजवाद का यह रूप किसी भी तरह से उत्पादन के पूंजीपति संबंधों के उन्मूलन का सुझाव नहीं देता है

the abolition of the Bourgeoisie relations of production can only be achieved through a revolution

उत्पादन के पूंजीपति संबंधों का उन्मूलन केवल एक क्रांति के माध्यम से प्राप्त किया जा सकता है

but instead of a revolution, this form of socialism suggests administrative reforms

लेकिन एक क्रांति के बजाय, समाजवाद का यह रूप प्रशासनिक सुधारों का सुझाव देता है

and these administrative reforms would be based on the continued existence of these relations

और ये प्रशासनिक सुधार इन संबंधों के निरंतर अस्तित्व पर आधारित होंगे

reforms, therefore, that in no respect affect the relations between capital and labour

इसलिए, जो किसी भी संबंध में पूंजी और श्रम के बीच संबंधों को प्रभावित नहीं करते हैं

at best, such reforms lessen the cost and simplify the administrative work of Bourgeoisie government

सबसे अच्छा, इस तरह के सुधार लागत को कम करते हैं और पूंजीपति सरकार के प्रशासनिक कार्य को सरल बनाते हैं

Bourgeois Socialism attains adequate expression, when, and only when, it becomes a mere figure of speech

बुर्जुआ समाजवाद पर्याप्त अभिव्यक्ति प्राप्त करता है, जब, और केवल तब, यह भाषण का एक मात्र आंकड़ा बन जाता है

Free trade: for the benefit of the working class

मुक्त व्यापार: श्रमिक वर्ग के लाभ के लिए

Protective duties: for the benefit of the working class

सुरक्षात्मक कर्तव्यों: श्रमिक वर्ग के लाभ के लिए

Prison Reform: for the benefit of the working class

जेल सुधार: श्रमिक वर्ग के लाभ के लिए

This is the last word and the only seriously meant word of Bourgeoisie Socialism

यह बुर्जुआ समाजवाद का अंतिम और एकमात्र गंभीर अर्थ शब्द है

It is summed up in the phrase: the Bourgeoisie is a
Bourgeoisie for the benefit of the working class

यह वाक्यांश में अभिव्यक्त किया गया है: पूंजीपति वर्ग मजदूर वर्ग के लाभ के लिए एक पूंजीपति वर्ग है

3) Critical-Utopian Socialism and Communism
3) क्रिटिकल-यूटोपियन समाजवाद और साम्यवाद

We do not here refer to that literature which has always given voice to the demands of the proletariat

हम यहां उस साहित्य का उल्लेख नहीं कर रहे हैं जिसने हमेशा सर्वहारा वर्ग की मांगों को आवाज दी है

this has been present in every great modern revolution, such as the writings of Babeuf and others

यह हर महान आधुनिक क्रांति में मौजूद रहा है, जैसे कि बाबूफ और अन्य के लेखन

The first direct attempts of the proletariat to attain its own ends necessarily failed

सर्वहारा वर्ग के अपने लक्ष्यों को प्राप्त करने के पहले प्रत्यक्ष प्रयास आवश्यक रूप से विफल रहे

these attempts were made in times of universal excitement, when feudal society was being overthrown

ये प्रयास सार्वभौमिक उत्तेजना के समय में किए गए थे, जब सामंती समाज को उखाड़ फेंका जा रहा था

the then undeveloped state of the proletariat led to those attempts failing

सर्वहारा वर्ग की तत्कालीन अविकसित अवस्था ने उन प्रयासों को विफल कर दिया

and they failed due to the absence of the economic conditions for its emancipation

और वे इसकी मुक्ति के लिए आर्थिक परिस्थितियों की अनुपस्थिति के कारण विफल रहे

conditions that had yet to be produced, and could be produced by the impending Bourgeoisie epoch alone

ऐसी स्थितियाँ जो अभी तक उत्पन्न नहीं हुई थीं, और अकेले आसन्न बुर्जुआ युग द्वारा उत्पादित की जा सकती थीं

The revolutionary literature that accompanied these first movements of the proletariat had necessarily a reactionary character

सर्वहारा वर्ग के इन पहले आंदोलनों के साथ जो क्रांतिकारी साहित्य था, उसमें अनिवार्य रूप से एक प्रतिक्रियावादी चरित्र था

This literature inculcated universal asceticism and social levelling in its crudest form

इस साहित्य ने सार्वभौमिक तपस्या और सामाजिक स्तर को अपने क्रूरतम रूप में विकसित किया

The Socialist and Communist systems, properly so called, spring into existence in the early undeveloped period

समाजवादी और कम्युनिस्ट प्रणाली, ठीक से तथाकथित, प्रारंभिक अविकसित काल में अस्तित्व में वसंत

Saint-Simon, Fourier, Owen and others, described the struggle between proletariat and Bourgeoisie (see Section 1)

सेंट-साइमन, फूरियर, ओवेन और अन्य ने सर्वहारा वर्ग और पूंजीपति वर्ग के बीच संघर्ष का वर्णन किया (धारा 1 देखें)

The founders of these systems see, indeed, the class antagonisms

इन प्रणालियों के संस्थापक, वास्तव में, वर्ग विरोध देखते हैं

they also see the action of the decomposing elements, in the prevailing form of society

वे समाज के प्रचलित रूप में विघटित तत्वों की कार्रवाई को भी देखते हैं

But the proletariat, as yet in its infancy, offers to them the spectacle of a class without any historical initiative

लेकिन सर्वहारा वर्ग, अभी तक अपनी प्रारंभिक अवस्था में, उन्हें बिना किसी ऐतिहासिक पहल के एक वर्ग का तमाशा पेश करता है

they see the spectacle of a social class without any independent political movement

वे बिना किसी स्वतंत्र राजनीतिक आंदोलन के एक सामाजिक वर्ग का तमाशा देखते हैं

the development of class antagonism keeps even pace with the development of industry

वर्ग विरोध का विकास उद्योग के विकास के साथ तालमेल बिठाता है

so the economic situation does not as yet offer to them the material conditions for the emancipation of the proletariat

इसलिए आर्थिक स्थिति अभी तक उन्हें सर्वहारा वर्ग की मुक्ति के लिए भौतिक परिस्थितियों की पेशकश नहीं करती है

They therefore search after a new social science, after new social laws, that are to create these conditions

इसलिए वे एक नए सामाजिक विज्ञान की खोज करते हैं, नए सामाजिक कानूनों के बाद, जो इन स्थितियों को बनाने के लिए हैं

historical action is to yield to their personal inventive action

ऐतिहासिक कार्रवाई उनकी व्यक्तिगत आविष्कारशील कार्रवाई के लिए उपज है

historically created conditions of emancipation are to yield to fantastic conditions

ऐतिहासिक रूप से निर्मित मुक्ति की स्थितियां शानदार परिस्थितियों के सामने झुकना है

and the gradual, spontaneous class-organisation of the proletariat is to yield to the organisation of society

और सर्वहारा वर्ग का क्रमिक, स्वतःस्फूर्त वर्ग-संगठन समाज के संगठन के सामने झुक जाना है

the organisation of society specially contrived by these inventors

इन आविष्कारकों द्वारा विशेष रूप से विकसित समाज का संगठन

Future history resolves itself, in their eyes, into the propaganda and the practical carrying out of their social plans

भविष्य का इतिहास उनकी नज़र में, प्रचार और उनकी सामाजिक योजनाओं को व्यावहारिक रूप से पूरा करने में खुद को हल करता है

In the formation of their plans they are conscious of caring chiefly for the interests of the working class

अपनी योजनाओं के निर्माण में वे मुख्य रूप से मजदूर वर्ग के हितों की देखभाल करने के प्रति सचेत हैं

Only from the point of view of being the most suffering class does the proletariat exist for them

केवल सबसे पीड़ित वर्ग होने के दृष्टिकोण से ही सर्वहारा वर्ग उनके लिए मौजूद है

The undeveloped state of the class struggle and their own surroundings inform their opinions

वर्ग संघर्ष की अविकसित स्थिति और उनके अपने परिवेश उनकी राय को सूचित करते हैं

Socialists of this kind consider themselves far superior to all class antagonisms

इस तरह के समाजवादी खुद को सभी वर्ग विरोधों से कहीं बेहतर मानते हैं

They want to improve the condition of every member of society, even that of the most favoured

वे समाज के प्रत्येक सदस्य की स्थिति में सुधार करना चाहते हैं, यहां तक कि सबसे पसंदीदा की भी

Hence, they habitually appeal to society at large, without distinction of class

इसलिए, वे आदतन वर्ग के भेद के बिना, बड़े पैमाने पर समाज से अपील करते हैं

nay, they appeal to society at large by preference to the ruling class

नहीं, वे शासक वर्ग को वरीयता देकर बड़े पैमाने पर समाज से अपील करते हैं

to them, all it requires is for others to understand their system

उनके लिए, केवल दूसरों को उनकी प्रणाली को समझने की आवश्यकता है

because how can people fail to see that the best possible plan is for the best possible state of society?

क्योंकि लोग यह देखने में कैसे विफल हो सकते हैं कि समाज की सर्वोत्तम संभव स्थिति के लिए सर्वोत्तम संभव योजना है?

Hence, they reject all political, and especially all revolutionary, action

इसलिए, वे सभी राजनीतिक, और विशेष रूप से सभी क्रांतिकारी, कार्रवाई को अस्वीकार करते हैं

they wish to attain their ends by peaceful means

वे शांतिपूर्ण तरीकों से अपने लक्ष्यों को प्राप्त करना चाहते हैं

they endeavour, by small experiments, which are necessarily doomed to failure

वे छोटे प्रयोगों द्वारा प्रयास करते हैं, जो आवश्यक रूप से विफलता के लिए बर्बाद होते हैं

and by the force of example they try to pave the way for the new social Gospel

और उदाहरण के बल से वे नए सामाजिक सुसमाचार के लिए मार्ग प्रशस्त करने का प्रयास करते हैं

Such fantastic pictures of future society, painted at a time when the proletariat is still in a very undeveloped state

भविष्य के समाज की ऐसी शानदार तस्वीरें, ऐसे समय में चित्रित की गईं जब सर्वहारा वर्ग अभी भी बहुत अविकसित अवस्था में है

and it still has but a fantastical conception of its own position

और यह अभी भी अपनी स्थिति की एक काल्पनिक अवधारणा है

but their first instinctive yearnings correspond with the yearnings of the proletariat

लेकिन उनकी पहली सहज इच्छाएं सर्वहारा वर्ग की इच्छाओं के अनुरूप हैं

both yearn for a general reconstruction of society

दोनों समाज के एक सामान्य पुनर्निर्माण के लिए तरस रहे हैं

But these Socialist and Communist publications also contain a critical element

लेकिन इन समाजवादी और कम्युनिस्ट प्रकाशनों में एक महत्वपूर्ण तत्व भी है

They attack every principle of existing society

वे मौजूदा समाज के हर सिद्धांत पर हमला करते हैं

Hence they are full of the most valuable materials for the enlightenment of the working class

इसलिए वे मजदूर वर्ग के ज्ञान के लिए सबसे मूल्यवान सामग्रियों से भरे हुए हैं

they propose abolition of the distinction between town and country, and the family

वे शहर और देश और परिवार के बीच के अंतर को समाप्त करने का प्रस्ताव करते हैं

the abolition of the carrying on of industries for the account of private individuals

निजी व्यक्तियों के खाते के लिए उद्योगों को चलाने का उन्मूलन

and the abolition of the wage system and the proclamation of social harmony

और मजदूरी प्रणाली का उन्मूलन और सामाजिक सद्भाव की घोषणा

the conversion of the functions of the State into a mere superintendence of production

राज्य के कार्यों का उत्पादन के मात्र अधीक्षण में रूपांतरण

all these proposals, point solely to the disappearance of class antagonisms

ये सभी प्रस्ताव, पूरी तरह से वर्ग विरोधों के गायब होने की ओर इशारा करते हैं

class antagonisms were, at that time, only just cropping up

उस समय वर्ग विरोध केवल फसल ही पैदा कर रहे थे

in these publications these class antagonisms are recognised in their earliest, indistinct and undefined forms only

इन प्रकाशनों में इन वर्ग विरोधों को उनके प्राचीन, अस्पष्ट और अपरिभाषित रूपों में ही पहचाना जाता है

These proposals, therefore, are of a purely Utopian character

इसलिए, ये प्रस्ताव विशुद्ध रूप से यूटोपियन चरित्र के हैं

The significance of Critical-Utopian Socialism and Communism bears an inverse relation to historical development

क्रिटिकल-यूटोपियन समाजवाद और साम्यवाद का महत्व ऐतिहासिक विकास के विपरीत संबंध रखता है

the modern class struggle will develop and continue to take definite shape

आधुनिक वर्ग संघर्ष विकसित होगा और निश्चित आकार लेना जारी रखेगा

this fantastic standing from the contest will lose all practical value

प्रतियोगिता से यह शानदार स्थिति सभी व्यावहारिक मूल्य खो देगी

these fantastic attacks on class antagonisms will lose all theoretical justification

वर्ग विरोधों पर ये शानदार हमले सभी सैद्धांतिक औचित्य खो देंगे

the originators of these systems were, in many respects, revolutionary

इन प्रणालियों के प्रवर्तक कई मामलों में क्रांतिकारी थे

but their disciples have, in every case, formed mere reactionary sects

लेकिन उनके शिष्यों ने, हर मामले में, केवल प्रतिक्रियावादी संप्रदायों का गठन किया है

They hold tightly to the original views of their masters

वे अपने आकाओं के मूल विचारों को कसकर पकड़ते हैं

but these views are in opposition to the progressive historical development of the proletariat

लेकिन ये विचार सर्वहारा वर्ग के प्रगतिशील ऐतिहासिक विकास के विरोध में हैं

They, therefore, endeavour, and that consistently, to deaden the class struggle

इसलिए, वे प्रयास करते हैं, और वह लगातार, वर्ग संघर्ष को मृत करने के लिए

and they consistently endeavour to reconcile the class antagonisms

और वे लगातार वर्ग विरोधों को सुलझाने का प्रयास करते हैं

They still dream of experimental realisation of their social Utopias

वे अभी भी अपने सामाजिक यूटोपिया के प्रयोगात्मक अहसास का सपना देखते हैं

they still dream of founding isolated "phalansteres" and establishing "Home Colonies"

वे अभी भी अलग-थलग "फालानस्टेरेस" की स्थापना और "होम कॉलोनियों" की स्थापना का सपना देखते हैं

they dream of setting up a "Little Icaria" — duodecimo editions of the New Jerusalem

वे एक "लिटिल इकारिया" स्थापित करने का सपना देखते हैं - न्यू यरूशलेम के डुओडेसिमो संस्करण

and they dream to realise all these castles in the air

और वे हवा में इन सभी महलों को महसूस करने का सपना देखते हैं

they are compelled to appeal to the feelings and purses of the bourgeois

वे बुर्जुआ की भावनाओं और पर्स के लिए अपील करने के लिए मजबूर कर रहे हैं

By degrees they sink into the category of the reactionary conservative Socialists depicted above

डिग्री से वे ऊपर वर्णित प्रतिक्रियावादी रूढ़िवादी समाजवादियों की श्रेणी में डूब जाते हैं

they differ from these only by more systematic pedantry

वे केवल अधिक व्यवस्थित पांडित्य द्वारा इनसे भिन्न होते हैं

and they differ by their fanatical and superstitious belief in the miraculous effects of their social science

और वे अपने सामाजिक विज्ञान के चमत्कारी प्रभावों में अपने कट्टर और अंधविश्वासी विश्वास से भिन्न हैं

They, therefore, violently oppose all political action on the part of the working class

इसलिए, वे मजदूर वर्ग की ओर से सभी राजनीतिक कार्रवाई
का हिंसक विरोध करते हैं

such action, according to them, can only result from blind
unbelief in the new Gospel

इस तरह की कार्रवाई, उनके अनुसार, केवल नए सुसमाचार में
अंध अविश्वास का परिणाम हो सकती है

The Owenites in England, and the Fourierists in France,
respectively, oppose the Chartists and the "Réformistes"

इंग्लैंड में ओवेनाइट्स, और फ्रांस में फूरियरिस्ट क्रमशः,
चार्टिस्टों और "रिफॉर्मिस्ट" का विरोध करते हैं

Position of the Communists in Relation to the Various Existing Opposision Parties

विभिन्न मौजूदा विरोधी दलों के संबंध में कम्युनिस्टों की स्थिति

Section II has made clear the relations of the Communists to the existing working-class parties

खंड 2 मौजूदा मजदूर वर्ग पार्टियों के लिए कम्युनिस्टों के संबंधों को स्पष्ट कर दिया है

such as the Chartists in England, and the Agrarian Reformers in America

जैसे इंग्लैंड में चार्टिस्ट, और अमेरिका में कृषि सुधारक

The Communists fight for the attainment of the immediate aims

कम्युनिस्ट तात्कालिक उद्देश्यों की प्राप्ति के लिए लड़ते हैं

they fight for the enforcement of the momentary interests of the working class

वे मजदूर वर्ग के क्षणिक हितों के प्रवर्तन के लिए लड़ते हैं

but in the political movement of the present, they also represent and take care of the future of that movement

लेकिन वर्तमान के राजनीतिक आंदोलन में, वे उस आंदोलन के भविष्य का भी प्रतिनिधित्व करते हैं और देखभाल करते हैं

In France the Communists ally themselves with the Social-Democrats

फ्रांस में कम्युनिस्टों ने सामाजिक-जनवादियों के साथ गठबंधन किया

and they position themselves against the conservative and radical Bourgeoisie

और वे खुद को रूढ़िवादी और कट्टरपंथी पूंजीपति वर्ग के खिलाफ स्थिति

however, they reserve the right to take up a critical position in regard to phrases and illusions traditionally handed down from the great Revolution

हालांकि, वे पारंपरिक रूप से महान क्रांति से सौंपे गए वाक्यांशों और भ्रमों के संबंध में एक महत्वपूर्ण स्थिति लेने का अधिकार सुरक्षित रखते हैं

In Switzerland they support the Radicals, without losing sight of the fact that this party consists of antagonistic elements

स्विट्जरलैंड में वे रेडिकल का समर्थन करते हैं, इस तथ्य को खोए बिना कि इस पार्टी में विरोधी तत्व शामिल हैं

partly of Democratic Socialists, in the French sense, partly of radical Bourgeoisie

आंशिक रूप से डेमोक्रेटिक सोशलिस्ट, फ्रांसीसी अर्थ में, आंशिक रूप से कट्टरपंथी पूंजीपति वर्ग के

In Poland they support the party that insists on an agrarian revolution as the prime condition for national emancipation

पोलैंड में वे उस पार्टी का समर्थन करते हैं जो राष्ट्रीय मुक्ति के लिए प्रमुख शर्त के रूप में कृषि क्रांति पर जोर देती है

that party which fomented the insurrection of Cracow in 1846

वह पार्टी जिसने 1846 में क्राको के विद्रोह को भड़काया

In Germany they fight with the Bourgeoisie whenever it acts in a revolutionary way

जर्मनी में वे पूंजीपति वर्ग के साथ लड़ते हैं जब भी वह क्रांतिकारी तरीके से काम करता है

against the absolute monarchy, the feudal squirearchy, and the petty Bourgeoisie

पूर्ण राजशाही, सामंती गिलहरी और क्षुद्र पूंजीपति वर्ग के खिलाफ

But they never cease, for a single instant, to instil into the working class one particular idea

लेकिन वे मजदूर वर्ग में एक विशेष विचार पैदा करने के लिए एक पल के लिए भी बंद नहीं होते हैं

the clearest possible recognition of the hostile antagonism between Bourgeoisie and proletariat

पूंजीपति वर्ग और सर्वहारा वर्ग के बीच शत्रुतापूर्ण विरोध की स्पष्ट संभव मान्यता

so that the German workers may straightaway use the weapons at their disposal

ताकि जर्मन मजदूर सीधे अपने निपटान में हथियारों का उपयोग कर सकें

the social and political conditions that the Bourgeoisie must necessarily introduce along with its supremacy

सामाजिक और राजनीतिक परिस्थितियों है कि पूंजीपति वर्ग आवश्यक रूप से अपने वर्चस्व के साथ परिचय देना चाहिए

the fall of the reactionary classes in Germany is inevitable

जर्मनी में प्रतिक्रियावादी वर्गों का पतन अवश्यंभावी है

and then the fight against the Bourgeoisie itself may immediately begin

और फिर पूंजीपति वर्ग के खिलाफ लड़ाई तुरंत शुरू हो सकती है

The Communists turn their attention chiefly to Germany, because that country is on the eve of a Bourgeoisie revolution

कम्युनिस्ट मुख्य रूप से जर्मनी पर अपना ध्यान केंद्रित करते हैं, क्योंकि वह देश बुर्जुआ क्रांति की पूर्व संध्या पर है

a revolution that is bound to be carried out under more advanced conditions of European civilisation

एक क्रांति जो यूरोपीय सभ्यता की अधिक उन्नत परिस्थितियों में की जाने के लिए बाध्य है

and it is bound to be carried out with a much more developed proletariat

और यह एक बहुत अधिक विकसित सर्वहारा वर्ग के साथ किया जाना तय है

a proletariat more advanced than that of England was in the seventeenth, and of France in the eighteenth century

सत्रहवीं शताब्दी में इंग्लैंड और अठारहवीं शताब्दी में फ्रांस की तुलना में अधिक उन्नत सर्वहारा वर्ग था

and because the Bourgeoisie revolution in Germany will be but the prelude to an immediately following proletarian revolution

और क्योंकि जर्मनी में बुर्जुआ क्रांति सर्वहारा क्रांति के तुरंत बाद की प्रस्तावना होगी

In short, the Communists everywhere support every revolutionary movement against the existing social and political order of things

संक्षेप में, कम्युनिस्ट हर जगह चीजों की मौजूदा सामाजिक और राजनीतिक व्यवस्था के खिलाफ हर क्रांतिकारी आंदोलन का समर्थन करते हैं

In all these movements they bring to the front, as the leading question in each, the property question

इन सभी आंदोलनों में वे सामने लाते हैं, प्रत्येक में प्रमुख प्रश्न के रूप में, संपत्ति प्रश्न

no matter what its degree of development is in that country at the time

कोई फर्क नहीं पड़ता कि उस समय उस देश में विकास की डिग्री क्या है

Finally, they labour everywhere for the union and agreement of the democratic parties of all countries

अंत में, वे सभी देशों के लोकतांत्रिक दलों के संघ और समझौते के लिए हर जगह श्रम करते हैं

The Communists disdain to conceal their views and aims

कम्युनिस्ट अपने विचारों और उद्देश्यों को छिपाने के लिए तिरस्कार करते हैं

They openly declare that their ends can be attained only by the forcible overthrow of all existing social conditions

वे खुले तौर पर घोषणा करते हैं कि उनके सिरों को सभी मौजूदा सामाजिक स्थितियों को जबरन उखाड़ फेंकने से ही प्राप्त किया जा सकता है

Let the ruling classes tremble at a Communistic revolution

शासक वर्गों को साम्यवादी क्रांति पर कांपने दो

The proletarians have nothing to lose but their chains

सर्वहारा वर्ग के पास अपनी जंजीरों के अलावा खोने के लिए कुछ भी नहीं है

They have a world to win

उनके पास जीतने के लिए एक दुनिया है

WORKING MEN OF ALL COUNTRIES, UNITE!

सभी देशों के मेहनतकश पुरुषों, एकजुट!